Viktorija Tokarjewa
Meine Männer

Aus dem Russischen von
Angelika Schneider

Diogenes

Titel der 2016 bei Azbooka, Moskau,
erschienenen Originalausgabe: ›Moi mužčiny‹
Der Essay *Mein Tschechow* stammt aus dem
ebenfalls 2016 bei Azbooka erschienenen Band
›Krugom odin obman. Rasskazy i očerki‹.
Originaltitel: ›Moj Čechov‹
Die Zitate von Anton Tschechow
(aus den Briefen, aus den Erzählungen *Kaschtanka*
und *In der Schlucht,* aus den Stücken *Die Möwe*
und *Der Kirschgarten*) werden zitiert
nach den im Diogenes Verlag erschienenen
Übersetzungen von Peter Urban.
Covermotiv: Illustration von Redko Evgeniya
Copyright © Redko Evgeniya / Shutterstock

Inhalt

Meine Männer

Ich ging zur Schule Nummer hundertvier. In Leningrad. Auf der Wyborger Seite. Erst im Jahre 1991 hat der neue Bürgermeister Sobtschak die Stadt in Sankt Petersburg umbenannt und gab ihr damit den historischen Namen zurück. Aber zu meiner Zeit nannte man die Stadt Leningrad. Ich verband sie jedoch nie mit der Person Lenin. Es war für mich einfach ein sehr schönes Wort, klar und klangvoll: Leningrad.

In der Schule war ich ziemlich mittelmäßig, in den Lernfächern hatte ich meistens eine Vier, im Betragen eine Drei.

In unserer Klasse gab es zwei Einserschülerinnen: Ljusja Kossowa und Ljusja Sundatowa. Beide Ljusjas wollten mit mir befreundet sein, sie wetteiferten miteinander und waren aufeinander eifersüchtig. Ljusja Sundatowa hat sogar manchmal geweint.

Unsere Klassenlehrerin – sie hinkte und trug einen orthopädischen Schuh am rechten Fuß – wunderte sich offen über dieses Trio. Für sie waren Einserschülerinnen Generäle, und ich, die Viererschülerin, von niederem Rang, etwa dem eines gemeinen Soldaten. Und wie konnten Generäle mit einem Soldaten befreundet sein und sich auch noch darum streiten, wer in seiner Gunst an erster Stelle stand …

Heute denke ich: Der Umgang mit mir war einfach unterhaltsam. Ich war fröhlich und hatte eine wohlklingende Stimme. Ich konnte ein gelesenes Buch so nacherzählen, dass alle mit offenem Mund zuhörten. Anscheinend bildete sich irgendwo tief in mir bereits meine Berufung für die Literatur.

Ljusja Kossowa lebte in sehr ärmlichen Verhältnissen. Sie besaß nur ein einziges Kleid – die Schuluniform. Die trug sie jeden Tag, und wenn ein Feiertag anstand, wurde sie gewaschen und gebügelt. So war sie dann ihr Ausgehkleid.

Ljusja, wo bist du jetzt? Wenn du diese Zeilen liest, dann finde mich. Ich habe nichts vergessen. Ich erinnere mich genau an deine hellen, dichten Haare und deinen kleinen Mund.

Ljusja Sundatowa sagte immer: »Ich fürchte mich vor der Zukunft. Sehr sogar.«

Damals waren wir so um die fünfzehn Jahre alt. Die Zukunft hielt Liebe, Familie, Kinder für uns bereit, das Schicksal eben, das alle Frauen erwartete. Und das alles hing von einem einzigen Menschen ab, dem Mann, mit dem man zusammenkam. Und davon, was für ein Mensch er sein würde: ein fröhlicher Romeo oder ein trauriger Dämon oder aber ein egoistischer Schuft à la Petschorin.

Doch Ljusja Sundatowa ereilte weder das erste noch das zweite und auch nicht das dritte Schicksal. Sie entwickelte einen veritablen Verfolgungswahn und warf sich eines Tages aus dem Fenster. Aber davon nicht jetzt.

In der neunten Klasse bekamen wir eine neue Lehrerin im Fach Literatur. Sie hieß Vera Fedorowna. Sie war streng und hochmütig, und sie gab niemandem jemals eine Eins. Vera Fedorowna kannte und liebte die Literatur, deshalb musste sie das armselige geistige Niveau fünfzehnjähriger Wesen zwangsläufig zutiefst beleidigen.

Wir fürchteten Vera Fedorowna, denn man spürte in ihr eine besondere Art Mensch. Sie war anders als die anderen Lehrerinnen. Die anderen waren nette Tanten mit Diplom, die gezwungen waren, ihren Lebensunterhalt zu verdienen. Vera Fedorowna und die Literatur jedoch – das war wie Paganini mit seiner Geige.

Das pädagogische Talent ist so einzigartig wie jedes andere Talent. Und bei ihr spürten wir es und waren voller Ehrfurcht.

Eines Tages rief mich Vera Fedorowna an die

Tafel. Ich sollte eine Geschichte nacherzählen, die wir zu Hause hatten lesen müssen.

Ich stand vorne und erzählte sie kühn nach. In meinem Wortschatz befanden sich viele Wörter, die fremdländische Wurzeln hatten, in der Art von »prolongieren«, »infernal«, »sich echauffieren« und Ähnlichem mehr.

Vera Fedorowna war sich nicht sicher, ob ich die Bedeutung dieser Wörter kannte oder sie nur wie ein Papagei wiederholte. So spürte sie diesen Wörtern nach, hetzte mich auf ihre Fährte.

»Prolongieren … bedeutet?«, fragte sie streng.

»Verlängern«, sagte ich.

»Infernal …?«

»Höllisch, vom Wort Inferno, Hölle, abgeleitet.«

»Sich echauffieren …?«

»Sich erregen, sich aufregen.«

Ich konnte mir überhaupt nicht vorstellen, wie man ein Wort gebrauchen konnte, ohne dessen Sinn zu kennen. Wer machte denn so etwas? Doch nur ein hirnloser Auswendiglerner.

Ich antwortete sicher, und ihr muss klar gewesen sein, dass mein Vorrat noch lange nicht ausgeschöpft war. Ich kannte schon viele Wörter, jonglierte mit ihnen hin und her, aber ich setzte sie immer richtig ein.

»Eins! Setzen!«, sagte Vera Fedorowna.

Die Klasse war wie versteinert.

Wie denn das? Den Einserschülerinnen gab sie eine Drei und der Viererschülerin eine Eins? Wie konnte das sein?

Das konnte so sein: Vera Fedorowna hatte das absolute Gehör für Sprache, oder besser gesagt für sprachliche Techniken, und so konnte sie meine Gabe heraushören und herausstellen. Und sie störte mein Status als »gemeiner Soldat« dabei überhaupt nicht.

Auch ich selbst erstarrte bei dieser Bewertung. Aber ich habe sie mir fürs ganze Leben gemerkt. Mit fünfzehn habe ich als Einzige eine Eins bekommen. Jemand hat an mich geglaubt. So begann auch ich, an mich zu glauben.

Ich habe natürlich nicht gedacht, dass in mir eine Schriftstellerin verborgen war, aber ich habe verstanden, dass ich alle überflügeln konnte, wenn ich nur wollte. Ich hätte bis in die Türkei schwimmen können. Ich musste nur ins Wasser steigen – und loslegen!

Ich danke Ihnen, Vera Fedorowna.

Sie sind wahrscheinlich schon längst *dort*. Aber auch von *dort* ist alles gut zu sehen, meine Bücher inklusive. Vielleicht blickt Vera Fedorowna auf die Buchumschläge mit meinem Namen und denkt: »Ach, das ist doch dieses Mädchen aus der Schule

Nummer hundertvier aus der Neun b … Ich erinnere mich … Ja, ich erinnere mich … Das Mädchen mit dem Pony, das auf den ersten Blick nichts Besonderes war.«

Nach der zehnten Klasse legte ich die Aufnahmeprüfung für das Medizinische Institut ab. Ich liebe die Medizin und lese noch heute medizinische Fachbücher so gern wie beispielsweise *Die drei Musketiere.*

Die Medizin und die Literatur haben viel gemeinsam. Die Krankheit des Körpers und die Krankheit der Seele sind doch im Grunde dasselbe. Der Zustand des Verliebtseins beispielsweise fällt mit den Symptomen des Wechselfiebers zusammen: hohes Fieber, aber es geht schnell wieder vorbei. Die echte Liebe hingegen ist eine chronische Krankheit. Sie dauert lange an, manchmal das ganze Leben.

Der Bereich der Onkologie – der umfasst die Sehnsuchtskrankheiten. Die Sehnsucht sammelt sich an und konzentriert sich an einem bestimmten Ort.

Ein Magengeschwür ist das Resultat von langer Gereiztheit und Ärger.

Man möchte den Menschen sagen: Liebt euch selbst. Doch andererseits: Ein selbstverliebter

Mensch ist ein echtes Ekel, sogar wenn er klug ist und Humor hat.

Wenn ich nicht Schriftstellerin geworden wäre, dann wäre ich heute Ärztin. Und noch dazu eine gute. Aber ich bin nicht am Medizinischen Institut aufgenommen worden. Ich habe den Aufsatz verpatzt, am Ende fehlte mir ein einziger Punkt. Ironie des Schicksals.

Meine Mutter versuchte alles, um mich irgendwo anders unterzubringen.

In der Nähe unseres Hauses war eine Musikhochschule, eine siebenstufige, dorthin schob man mich schließlich ab.

Wenn ich etwas nicht ausstehen kann, dann ist es die musikalische Grundbildung, das Solfeggio, die Notenlehre. Ich mochte es nicht und ich konnte es nicht. Das Dirigieren dagegen gelang mir einigermaßen gut. Und auch den Chor liebte ich. Das gemeinsame Singen – das ist wie ein Gebet der besonderen Art. Die Seelen vereinigen sich und fliegen als ein gemeinsames Bündel zu Gott hinauf. Und *wie* wir sangen ... Wir hatten die gesamte Chorliteratur in unserem Repertoire.

Auch heute bin ich nicht gleichgültig dem Chorsingen gegenüber, und wenn ich einen Kinderchor höre, fange ich an zu weinen. Warum? Ich weiß nicht. Wahrscheinlich weil die unschuldigen Engel ihr Gebet zum Himmel emporschicken und meine Seele damit erschüttern.

Die Musik ist ein Zauberland. Aber es ist nicht mein Land. Ich studierte ohne Begeisterung, ich langweilte mich, wie ein Reisender im Wartesaal, der auf seinen Zug wartet. Und der Zug kam und kam nicht, und wie lange man noch warten musste war ungewiss, vielleicht das ganze Leben lang. Was für eine Sehnsucht …

Heute kann ich sagen, dass die musikalische Erziehung das Leben bereichert, dass sie es polyphoner macht.

In fremden Städten setze ich mich oft auf eine Bank, schließe die Augen und höre zu, höre genau hin, wie die jeweilige Stadt klingt.

Odessa erschreckte mich mit entsetzlichem Kreischen: Es kreischten die Trams und es kreischten die Tauben. Doch über allem lag Hitze und Leidenschaft. *Tramway der Wünsche,* so heißt *A Streetcar Named Desire* bei uns.

Die Hauptstadt von Laos dagegen ist mir durch ihre friedliche Ruhe in Erinnerung geblieben. Das Schurren der Gummireifen über den Asphalt – ssst-ssst-ssst … Die jungen Mädchen auf ihren Fahrrädern – perfekte Statuetten: weiße Blusen, dunkelblaue Röcke, die hübschen Füßchen auf den Pedalen. Ssst-ssst-ssst …

Die Angestellten im Hotel sagten zueinander: »Bo-pi-njan.« Das bedeutet wörtlich: »Nimm das nicht in den Kopf.«

Und so leben sie: Ssst-ssst-ssst und bo-pi-njan.

Man mag das langweilig finden, aber in Wahrheit ist es wunderbar. Da ist nichts Überflüssiges.

Manchmal hörte man auf dem Markt oder in einem Geschäft plötzlich jemanden aus Leibeskräften schreien. Das waren russische Touristen, die sich miteinander unterhielten.

Mit zwanzig heiratete ich einen Moskauer, den ich eine Woche kannte. Er hatte ein Auge auf mich geworfen, und noch eins. Sie waren groß und dunkelblau. Nicht hellblau, sondern wirklich dunkelblau, wie der Himmel auf japanischen Postkarten. Außerdem trug er sehr schmal geschnittene Hosen, sogenannte Röhren, und Stiefel mit dicker Sohle aus weißem Gummi, damals Kreppsohlen genannt.

Ich sah all diese Pracht und dachte: »Was für ein Glück hat das Mädel, dem er den Hof machen wird. Wenn mir so einer ... Aber das ist ja doch unrealistisch.«

Aber es stellte sich als realistisch heraus. Er lud mich ins Theater ein und baggerte mich an. Und es endete damit, dass ich nach Moskau zog und ein kleines Mädchen gebar. Schade, dass es bei dem einen blieb.

Wenn ich auf mein Leben zurückblicke, dann bedauere ich, dass ich so viel gearbeitet habe. Ich hätte besser noch ein paar Kinder geboren. Genau dort liegt das Glück. In den Kindern, ihren kleinen Gesichtchen, ihren hellen Stimmchen, ihrer puren Anwesenheit. Aber, wie man so sagt, die Geschichte kennt keinen Konjunktiv. »Wenn das Wörtchen ›wenn‹ nicht wär …«

Damals beendete ich also meine Musikhochschule und zog mit zwanzig Jahren nach Moskau in die Gorkistraße Nummer vierundzwanzig. Im selben Gebäude befand sich auch das Restaurant Baku. Was da heute ist, weiß ich nicht …

Ich zog mitten ins Herz von Moskau. Die Energie des Stadtzentrums war völlig anders als alles, was ich bis dahin kannte. Du trittst auf die Straße hinaus, reihst dich ein in den steten Menschenstrom, wirst sogleich Teil von ihm und schreitest voran wie auf dem Weg zu einer Heldentat, alles fällt dir leicht.

Ich musste eine Arbeit finden. Also ging ich zum »regionalen Büro der Volkserziehung«, und man erklärte mich zur Gesangslehrerin in einer allgemeinbildenden Schule. Die Schule lag am Ortsausgang von Moskau, sozusagen am anderen Ende der Welt.

Aber was hatte ich mir denn vorgestellt? Wer war ich schon? Ein Niemand. Keinerlei wichtige Beziehungen, keinerlei Bekanntschaften, nichts als das Vertrauen ins Leben und eine schlanke Taille.

Die Schule, in der ich arbeitete, war einstöckig und aus Holz, ein Gebäude wie in einem Straflager. Die Hälfte der Väter meiner Schüler saß im Gefängnis.

Wenn ich darüber nachdenke, wer mich zur Schriftstellerin gemacht hat, dann bekenne ich: Es war mein Schüler Sobakin. Er ging in die vierte Klasse, war rothaarig und hatte Sommersprossen. Jedes Mal, wenn ich in die Klasse kam, saß Sobakin unter der Decke. Er gelangte über die Wasserleitung hinauf, was nicht gerade einfach war. Dann hing er dort, hielt sich dabei mit Armen und Beinen fest, die er um die Rohre geschlungen hatte.

Ich sagte immer dasselbe: »Sobakin, warum bist du da hochgeklettert?«

»Ich höre und sehe von hier besser.«

»Komm sofort runter«, befahl ich.

»Wieso? Störe ich etwa?«

»Wenn du nicht runterkommst, breche ich die Stunde ab«, sagte ich, um ihn zu erschrecken.

Dabei konnte ich die Stunde gar nicht abbrechen, denn sie war mir ja vom Direktor aufgedrückt worden.

Sobakin hing weiterhin unter der Decke. Ich stand weiterhin im Raum. Quälende Pause.

Die anderen Kinder hielten es nicht länger aus, sprangen von ihren Plätzen und wollten Sobakin an den Hosenbeinen herunterziehen. Daraufhin begann er, mit den Füßen auszuschlagen, versuchte, sie mit den Schuhen ins Gesicht zu treffen. In der Klasse brach ein Bürgerkrieg aus: Die einen schlugen die anderen und umgekehrt.

Ich versteckte mich hinter dem Klavier, denn ich fürchtete, von beiden Seiten etwas abzubekommen.

Darüber habe ich bereits in meiner ersten Erzählung *Ein Tag ohne Lügen* geschrieben. Ich bin gezwungen, mich zu wiederholen, aber aus einem Lied kann man keinen Ton einfach so hinauswerfen.

Ich hasste meine Arbeit. Jeden Tag musste ich mich überwinden, in die Schule zu gehen. Ich fühlte mich wie Tschechows Kaschtanka. In der gleichnamigen Erzählung über eine kleine Hündin heißt es an einer Stelle: »Wenn Kaschtanka ein Mensch gewesen wäre, hätte sie gewiss gedacht: ›Nein, das ist kein Leben! Ich muss mich erschießen!‹…«

Nach der Arbeit machte ich mich auf den Heimweg. An der Bushaltestelle holte mich mein Mann ab. Gemeinsam gingen wir in eine Kantine und aßen unser Mittagessen an einem Tisch, der nach alten Putzlappen roch. Wir nahmen die kantinenüblichen Frikadellen, die aus achtzig Prozent Brot und zwanzig Prozent Fleisch bestanden. Wir nannten sie die »Ganz-ohne-Fleisch-ging's-nicht-Klopse«. Manchmal aßen wir auch Schtschi-Suppe, die ebenfalls nach alten Putzlappen roch. Und nichts als die dunkelblauen Augen meines Mannes konnten diese Armseligkeit etwas erhellen.

Der Mensch hat keinen größeren Feind als die Armut. Sie erniedrigt einen, saugt einem alle Kräfte aus.

Ich saß völlig niedergeschlagen da, fast hätte ich geweint. Aber mein Mann sagte zu mir: »Jetzt spuck doch auf diesen Sobakin. Du hast doch mich, und das reicht.«

Nein, das reichte nicht. Ich hatte ihn, das ist wahr. Aber mich selbst hatte ich nicht. Ich saß immer noch am Bahnhof, blickte auf den bespuckten Boden und wartete auf meinen Zug.

Und der Zug kam und kam nicht, und das Warten wurde mir unerträglich.

Der Direktor der Schule rief mich zu sich und ordnete an, dass ich ein Treffen zwischen den Schülern und einem Kinderbuchautor organisieren solle. Denn ich sei ja für die Kultur in der Erziehung verantwortlich.

»Und wen soll ich da einladen?«, fragte ich.

»Ganz egal«, antwortete der Direktor. »Wer sich eben bereit erklärt.«

Ich seufzte schwer und machte mich daran, die nötigen Telefonnummern herauszubekommen.

Die Bekanntesten waren meiner Meinung nach: Swetlow, Twardowskij und Michalkow.

Ich rief sie der Reihe nach an. Der eine lehnte aus Hochmut ab, der andere, weil er gerade in einer Saufphase war, und der dritte war Sergej Michalkow.

»Und wer sind Sie?«, fragte er mich.

»Ich bin die Lehrerin«, sagte ich. Dann überlegte ich kurz und fügte hinzu: »Und Studentin der Moskauer Filmhochschule, im Bereich Drehbuch.«

Das war zwar gelogen, aber dafür gab es zwei Gründe. Erstens träumte ich tatsächlich von einem Drehbuchstudium an der Filmhochschule, und zweitens schien mir, dass es zu wenig war, bloß Lehrerin zu sein. Ich musste irgendwie den Anschein erwecken, mit der Kunst verbandelt zu sein, dann wäre ich mit ihm auf Augenhöhe. Sergej Michalkow war Dichter, und ich war Drehbuchautorin.

»Na gut«, sagte Michalkow. »Wann soll ich kommen?«

»Am Dienstag. Um zwei Uhr mittags.«

»Rufen Sie mich am Dienstag um zehn Uhr morgens noch mal an und erinnern Sie mich, bitte.«

»Danke!«, sagte ich erfreut.

»Aber Sie müssen wissen, wenn der Hörer abgenommen wird und es herrscht erst mal Schweigen, bin ich trotzdem dran. Ich stottere nämlich.«

»In Ordnung.«

Ich war sofort verzaubert von diesem Menschen. Er plauderte mit einer ihm völlig unbekannten Lehrerin, scherzte dabei feinsinnig und nicht etwa grob. Seine eher hohe Stimme klang leicht gepresst und sehr klug. An der Stimme kann man so viel erkennen.

Am Dienstag rief ich wie verabredet an, aber nicht um zehn, sondern um halb elf. Aus irgendeinem Grund hatte ich das Gefühl, dass zehn Uhr zu früh wäre. Ich sollte mich besser etwas verspäten.

Ich wählte seine Nummer. Er nahm sofort ab und fing direkt an zu schreien: »Wieso rufen Sie nicht pünktlich an?! Ich sitze hier und warte, ich habe schließlich auch noch was anderes zu tun.«

Ich war verblüfft. Ich hatte nicht erwartet, dass Sergej Michalkow, der auf seinem Olymp thronte, auf den Anruf einer unbedeutenden Lehrerin wartete, die sich unten am Fuße des Berges herumtrieb und am Gras zupfte wie eine Ziege.

Ich konnte mir damals nicht vorstellen, dass Pünktlichkeit und Verbindlichkeit die Eigenschaften eines Aristokraten waren. Ein Aristokrat lässt niemanden warten, denn das ist unhöflich.

Ein und derselbe Mensch kann sich nach verschiedenen Seiten neigen. Meine Zeitgenossen hatten ihren Michalkow, und ich hatte meinen. Und ich erzähle von meinem, von dem, an den ich mich erinnere.

Sergej Michalkow kam also in die Schule. Er war sehr erstaunt, als er mich sah.

»S-s-ie sind d-die Lehrerin?!«, brachte er heraus.

Ich sah wirklich nicht wie eine Lehrerin aus. Für eine Lehrerin war ich zu jung und zu modisch gekleidet. Ich verdiente mir mein Brot mit ehrlicher, harter Arbeit, obwohl ich es hätte auf entschieden einfachere Weise verdienen können.

Sergej Michalkow begann seinen Auftritt vor den Kindern, und währenddessen verlor ein Mädchen in den hinteren Reihen das Bewusstsein und fiel polternd vom Stuhl. Es entstand eine leichte Panik.

Michalkow fragte: »Was ist denn da los?«

»Da ist ein Mädchen in Ohnmacht gefallen!«, rief ich.

»N-n-a so was, ich soll hier was vortragen und die fallen der Reihe nach in Ohnmacht?«

Michalkow war genauso alt wie meine Mutter. Er war vierundzwanzig Jahre älter als ich. Heute ist ein solcher Altersunterschied nichts Besonderes mehr, ja sogar die Norm, fast alle Fünfzigjährigen verlassen ihre gleichaltrigen Frauen und heiraten Fünfundzwanzigjährige. Irgendwie kann man sie verstehen. Aber damals, zu meiner Zeit, erschien mir ein Altersunterschied von vierundzwanzig Jahren mit einem gemeinsamen Leben unvereinbar. Ich empfand Michalkow eher als Vater. Und infolgedessen begann ich mich mit Bitten an ihn zu wenden, in der Art von: »Ich möchte so gern eine Rolle in einem Kinofilm.«

Damals wollten alle jungen Mädchen Schauspielerinnen werden. Es kam einem so vor, als wäre der Film der Weg nach oben. Noch dazu der kürzeste Weg, die Abkürzung, und dort oben wäre ein ganz anderes Leben möglich. Dort gäbe es elegante Roben, berühmte Männer, einen privaten Chauffeur und jeden Tag schwarzen Kaviar. Aber die Hauptsache war etwas anderes. Die Hauptsache war eine interessante Arbeit, ohne Sobakins, und ein interessanter Meinungsaustausch. Tiefe Gespräche, eine andere Sicht auf sich selbst. Der Meinungsaustausch mit anderen ist ja auch Nahrung, nur eben geistige. Auch das ist wie jeden Tag schwarzer Kaviar.

Ich wollte unbedingt zum Film. Sergej Wladimirowitsch stellte mich einem Regisseur namens Roschal vor. Er rief ihn zu sich und sagte: »Zu dir wird ein sehr originelles junges Ding kommen. Schau sie dir mal genau an, vielleicht kannst du sie irgendwo unterbringen.«

Grigorij Lwowitsch Roschal war damals schon ein sehr älterer Herr, daher konnte er mich wirklich nur rein künstlerisch unterbringen. Ich kam zu ihm nach Hause, und wir dachten uns zusammen was aus. Seine Frau Vera Strojewa – früher ein Stummfilmstar – war zu der Zeit nicht mehr jung und auch nicht mehr schlank, doch sie war einmal von betörender Schönheit gewesen. Das Wort vom »prachtvollen Welken der Natur« traf bei ihr ins Schwarze. Allein ihr Gesicht war schön und liebevoll geblieben. Schönheit und Herzensgüte sind zwei paar Stiefel, Schönheit kommt von Gott, aber Herzensgüte kommt vom eigenen Charakter.

Vera Strojewa lief in der Wohnung im Nachthemd umher und schimpfte mit ihrem Mann, wobei sie sich ausschließlich per Sie an ihn wandte.

»Grigorij Lwowitsch, Sie sind das Letzte!«, rief sie aus ihrem Zimmer.

Er reagierte nicht. Offensichtlich war er Derartiges gewohnt. Dann brachte sie mir einen Teller mit Erdbeeren. Im selben Haus lebte auch ein Enkelkind. Sie hätte mir den Enkel glatt überlassen, nein, sie übergab ihn mir sogar, mir, einer ihr völlig unbekannten jungen Frau, die von wer weiß wo aufgetaucht war und wer weiß wozu.

Grigorij Roschal dachte langweilig, fade, akademisch. Meine Phantasie konnte an seine Vorstellungen nicht andocken, so dass unsere literarischen Experimente dahinwelkten, ohne eine einzige Blüte erlebt zu haben.

Dafür gab er mir allerdings eine kleine Rolle in seinem Film *Das Gericht der Verrückten*. Ich sollte eine Journalistin aus dem Volk verkörpern, die auf dem Motorrad durchs Land fuhr und gegen den Kapitalismus kämpfte. Der Mann der Journalistin predigte Freiheit, Gleichheit und Brüderlichkeit. Mit anderen Worten: Er war ein Dummkopf, denn Gleichheit gibt es nicht und kann es nicht geben. Es gibt sie ja nicht einmal in der Natur. Was für eine Gleichheit kann es denn zwischen einem Löwen und einem Hasen geben?

Der Film kam tatsächlich heraus. Die Premiere sollte im Filmtheater Rossija stattfinden.

Mir war klar: Jetzt kommt meine Sternstunde. Ich lud die ganze Schule dazu ein, inklusive Sobakin. Alle sollten sehen, zu was ich fähig war. Sie sollten verstehen, wer ich war und wer sie. Ich lud auch meine ganze Familie ein, mein Mann seine

Arbeitskollegen, die Schwiegermutter all die alten Bolschewiken und die Nachbarn aus dem Treppenhaus. So war am Ende die Hälfte des Saales mit meinen Premierengästen gefüllt.

Der Film begann. Ich zitterte leicht vor Aufregung. Es vergingen zwanzig Minuten – von der Journalistin war nichts zu sehen. Weitere zwanzig Minuten – keine Spur von ihr. Sobakin saß mit mir in derselben Reihe. Er beugte sich vor und wandte mir seinen Rotschopf zu. Sein Gesicht spiegelte die stumme Frage wider: »Ja wann kommt es denn nun?«

Ich verstand gar nichts mehr.

Später klärte sich dann alles auf: Das gedrehte Material war zweitausendsiebenhundert Meter lang, anstelle von zweitausendeinhundert, es mussten also sechshundert Meter herausgeschnitten werden.

Man hätte auch stückweise vorgehen können, aber Grigorij Lwowitsch beschloss, dass es für den Film günstiger wäre, eine ganze Handlungslinie wegzuschneiden. Also nahm er die Schere und schnitt aus den Bändern alle Szenen heraus, in denen ich mich abmühte und versuchte, ein gutes Bild abzugeben. Von all meinen Bemühungen war nicht mehr übrig geblieben als ein Stück meines Beins und ein Motorradreifen.

Der Film ging zu Ende. Das Publikum stand auf. Wer mich kannte, drehte sich um und schaute mich schweigend an. Ich hatte das Gefühl, nackt vor einer Menschenmenge zu stehen. In mir brannte Scham und völliges Unverständnis. Wie? Was? Warum? »Nein, das ist kein Leben! Ich muss mich erschießen.«

Aber natürlich erschoss ich mich nicht. Vielmehr hatte ich eine Lektion erhalten und kam zu dem Schluss: Sei niemals wieder von jemandem abhängig. Man muss Herrin der Lage sein, ansonsten konnte jeder Mistkerl die Schere nehmen und einen aus einem Freudenfest herausschneiden, auf den Müll kippen und der allgemeinen Schande ausliefern.

Grigorij Roschal war übrigens gar kein Mistkerl, er war ein gutmütiger, grundanständiger, warmherziger Mensch. Aber der Film nimmt nun mal auf niemanden Rücksicht. Und wer war *ich* schon? Sogar mit professionellen Schauspielern sprang man so um: Ihre Szenen wurden beim Schnitt entfernt, und man sagte es ihnen nicht einmal. Geschweige denn, dass man sich dafür entschuldigte. »Wo gehobelt wird, da fliegen Späne.« Also durfte man kein Span sein. Man musste der sein, der hobelte.

Ich beschloss, an der Moskauer Filmhochschule zu studieren, und zwar das Drehbuchfach. Ich wollte Drehbuchautorin werden, eine Rolle schreiben und sie selbst spielen. Ich wollte eine allmächtige Chefin werden. Dann würden alle von mir abhängig sein und mich bei Laune halten müssen.

Oh! Wie sehr ich mich da täuschte … Ein Drehbuchautor ist ein Niemand, er steht etwa auf demselben Niveau wie der Beleuchter.

Aber diese Einsicht kam mir erst später. Zunächst einmal strebte ich der Moskauer Filmhochschule begeistert zu.

Es war Sommer. Ich legte die Aufnahmeprüfung ab – und bekam nicht genug Punkte zusammen. Natürlich nahm man mich nicht auf. Und natürlich fing ich an zu heulen. Und natürlich rief ich Michalkow an.

»Aber du studierst doch schon an der Moskauer Filmhochschule«, sagte er verwundert. »Du hast mir doch gesagt, dass du an der Drehbuchfakultät bist.«

»Ich habe gelogen«, gestand ich.

Er schwieg einen Moment, dann sagte er: »Aber lügen ist nicht gut. Das ist ein Fehler von dir.«

»Na gut, meine Fehler sind zahlreich. Dann hab ich eben noch einen mehr.«

Michalkow dachte kurz nach und entschied: Na ja, so kann man das auch sehen.

Er rief den Rektor der Filmhochschule an. Dieser überprüfte die Möglichkeiten und fand heraus, dass es noch einen freien Platz gab, irgendjemand hatte sein Studium nicht angetreten. Diesen Platz bekam ich. So wurde ich doch noch Studentin der Moskauer Filmhochschule.

Was veränderte das in meinem Leben? Alles. Ich kündigte in der Schule. Und wurde sofort von einer anderen Lehrerin ersetzt. »Die Truppe bemerkte den Fall des Soldaten nicht«, wie es in einem Kriegslied heißt. Ich begann, mich jeden Morgen über ein Blatt Papier zu beugen und Wort an Wort zu reihen.

Der Schaffensprozess ist ein mächtiges Rauschmittel. Ich mag das Wort »Schaffen« nicht, aber ich weiß auch nicht, womit man es ersetzen könnte.

Ich saß da, den Kopf über das Blatt gebeugt, und erschuf meine Welt. Wie Gott. Gerade war noch nichts gewesen, nur ein weißes Blatt, und plötzlich war da eine ganze bewohnte Welt: Menschen, Leidenschaften, Verirrungen, Liebe.

Ich hörte in der Ferne das Donnern meines Zuges. Das Warten hatte ein Ende. In diesen Zug würde ich mich setzen und in mein Schicksal hineinfahren.

Zum ersten Mal seit vielen Jahren war mir nicht mehr langweilig.

Wenn Michalkow nicht gewesen wäre, dann

hätte ich weiter in der Schule gearbeitet. Hätte mich ans Klavier gesetzt, und die Erstklässler hätten im Chor geschrien: »Es kahamen die Gähänse heraus, es verneigten sich die Mähädchen ...« Dabei hätten sie eigentlich singen müssen: »Es kamen die Gääänse heraus, es verneigten sich die Määädchen ...« Sie hätten es nie gelernt.

In der fünften Klasse würde Sobakin noch immer unter der Decke sitzen. Später habe ich mir zusammengereimt, dass ihm das Fräulein Lehrerin wohl gefallen hatte und er bloß hatte Eindruck schinden wollen.

Es war damals eine Zeit heftiger Armut. Selbst im Winter kam ich in Sommerschuhen daher. Die Pumps waren weiß mit rosarotem Absatz, oder umgekehrt, rosarot mit weißem Absatz. An der Sohle hatte sich schon ein Loch gebildet, und da hindurch drang der Schnee.

Armut. Eine langweilige Arbeit. Ein verpfuschtes Leben. Da hilft auch keine Liebe.

Die Liebe allein ist für das Glück nicht genug. Man braucht dafür unbedingt drei Dinge: Gesundheit, eine schöpferische Arbeit und die Liebe. Das sind die drei Eckpfeiler.

Und nun hatte mich Michalkow aus meinem früheren Leben herausgezogen.

Ich will nicht sagen, dass Sergej Michalkow mich

zur Schriftstellerin gemacht hat. Einen Schriftsteller zu »machen« ist unmöglich. Man muss als solcher geboren werden. Aber ... er hat mich aus der Schule geholt und in der Filmhochschule untergebracht. Und dort bekam ich eine Meisterlehre, Beurteilungen, ein schöpferisches Umfeld, Konkurrenz. Und meine Lehrerin – Katerina Winogradskaja. Sie war von mir begeistert. Und das braucht jeder Anfänger. Man sagt zwar, dass Kritik nützlich sei, aber am Anfang des Weges kann sie einen auch lähmen. Begeisterung dagegen gibt einem Kraft, Selbstvertrauen und eine gewisse Dreistigkeit.

Der Winogradskaja gefiel alles an mir: Gesicht, Kleidung, Seele und meine Gedanken.

Ich fuhr zu ihr hinaus in die Datschensiedlung Peredelkino. Und als ich zurückkam, ging ich über eine kleine Brücke, an einer Kirche vorbei, ich fühlte mich erfüllt wie ein Segel im Wind. Ich dürstete danach, etwas zu schreiben, das alle erschüttern würde, so dass die Leute sich umdrehen und sagen würden: »Da, das ist sie ...«

Die Winogradskaja passte nicht in ihre Zeit. Sie war in den dreißiger Jahren hängengeblieben, in den Idealen, reinen Ideen, in der Zeit, als sie ihr Hauptwerk geschrieben hatte, das Drehbuch zu *Mitglied der Regierung*.

»Ich will ein Drehbuch schreiben lassen zum Thema: Der Kommunist der sechziger Jahre«, vertraute sie mir an.

Ich lachte auf. Der Kommunist der sechziger Jahre war ein Hundesohn, ein Zyniker, ein Schmiergeldempfänger. In die Partei trat man nur noch ein, um Karriere zu machen und ein gutes Gehalt zu bekommen. Und meine arme Winogradskaja dachte, der Kommunist der sechziger Jahre sei genau derselbe uneigennützige Romantiker geblieben wie in früheren Zeiten. Alles endete damit, dass ihr letzter Kurs einen Aufstand gegen sie unternahm, gegen sie, diese rückständige Meisterin. Sie erwies sich als Bremse neuer Ideen und Gedanken. Das wollten die Studierenden nicht länger ertragen.

Die Winogradskaja wurde daraufhin in Pension geschickt. Die Pensionierung bedeutete für sie ein Minimum an Geld, den Verlust des Austauschs mit der jungen Generation. Es war eine Katastrophe. Es war ihr Niedergang.

Bald wurde sie blind und starb.

Auf ihrem Grabstein stand ein fiktives Geburtsdatum, das sie zehn Jahre jünger machte. Die Winogradskaja hatte die Wirren und Erschießungen des Krieges ausgenutzt, ihren Pass umschreiben lassen und sich so zehn Jahre dazugemogelt. Wozu? Um die Zeit der Liebe zu verlängern.

Die Winogradskaja war ganz und gar Frau gewesen, vom Scheitel bis zur Sohle, hatte ganz und gar für die Liebe gelebt, die große, die alles überwindende. Natürlich verlor sie die Partie. Das grausame Leben hatte sie wie einen Fisch ans Ufer geworfen.

Die Winogradskaja starb mit achtzig Jahren, auch wenn auf ihrem bescheidenen Grabstein stand, dass es siebzig waren.

Sie selbst wäre damit sehr zufrieden gewesen, und denen, die an ihrem Grab vorbeikamen, war es sowieso gleichgültig.

Die Moskauer Filmhochschule war eine fruchtbare Scholle, auf der ein Samen aufgehen konnte. Wenn ich in der Grundschule geblieben wäre, wäre mein Samen zertreten worden, oder er wäre erfroren. Nichts wäre daraus erwachsen.

Die Moskauer Filmhochschule erwies sich als mein Wirkungsfeld, und auf diese Weide hatte mich Sergej Michalkow geführt. Durch ihn habe ich zwanzig Jahre meines Lebens gespart. Und auch am heutigen Tag sage ich in Anlehnung an Isaac B. Singer:

»Danke, Sergej Wladimirowitsch, gebe Gott Ihnen Gesundheit und Glück dort, wo Sie sich jetzt befinden.«

Ich glaube, dass sich diesen Worten noch heute Tausende Menschen anschließen würden. Vielleicht aber auch nur zwei. Niemand hat sie gezählt. Aber ich erinnere mich, dass Sergej Michalkow bis zum Kragen mit fremden Bitten und Angelegenheiten zugeschüttet war: Er besorgte Wohnungen, fand Arbeitsplätze, organisierte Betten in Krankenhäusern, holte Leute aus dem Gefängnis, stoppte Denunziationen. Und als er einmal nach London reiste, schaffte er es sogar dort, eine Engländerin beim Londoner Fernsehen unterzubringen.

Einmal machte ich eine Bemerkung: »Man reißt Sie ja förmlich in Stücke. Wozu brauchen Sie das?«

»Ich b-b-baue an meinem Leben nach der Beerdigung«, antwortete er.

»Wie meinen Sie das?«, fragte ich verständnislos.

»Dort wird eine Waage stehen. Das Gute muss überwiegen. Und so werfe ich also gute Taten in die eine Waagschale.«

»Sie leben hier schon gut, und dort wollen Sie sich auch gut einrichten. Sie sind schlau …«

»N-n-natürlich«, sagte Michalkow.

Ich verstand damals nicht, dass er ein gläubiger Mensch war. Er glaubte an Gott, was innerhalb der Partei eigentlich nicht anging.

Michalkow war Chefredakteur der satirischen Filmzeitschrift *Fitil – Die Zündschnur.*

Die Zündschnur war scharfsinnig, mutig, aktuell. Sergej Michalkow leitete die Zeitschrift meisterhaft.

Seinen Bemerkungen zuzuhören war ungeheuer interessant. Er versprühte Themen nach rechts und links. Er verstreute sie, wie man den Vögeln Maiskörner hinstreut. Dahinter stand die Weisheit des Talents. Wozu etwas für sich behalten, es würde einem ja immer wieder Neues einfallen ...

Mir ist aufgefallen, dass Menschen mit beschränkten Fähigkeiten ihre Ideen für sich behalten, sie verstecken. Und das ist ja auch richtig so, denn andernfalls werden sie gestohlen. Und woher sollten diese Menschen dann neue Ideen nehmen?

In der Zeitschrift *Die Zündschnur* arbeiteten mehrere Redakteure. Ich erinnere mich an Valentin Polonskij. Ein zarter Mensch, der sich oft im Stillen betrank.

Michalkow war einmal bei ihm zu Hause. Danach sagte er voller Trauer zu mir: »Im Boden sind Ritzen, an den Füßen zieht es, von der Decke tropft Wasser. Was kann ich denn da für Arbeit von ihm verlangen, wenn er in solchen Verhältnissen lebt ... Bevor man von einem Menschen etwas fordert, muss man ihm doch ein normales Leben ermöglichen.«

Und so verschaffte er Polonskij eine anständige Wohnung, beziehungsweise half ihm, dass er eine zugesprochen bekam.

In den Filmstudios diskutierte man damals über den Film *Der erste Lehrer,* nach dem Drehbuch von Tschingis Aitmatow. Es war die erste Arbeit von Andrej Kontschalowskij, dem ältesten Sohn Sergej Michalkows.

Der Film war wunderbar, aber die Zeit war eine düstere: Die »Tauwetter«-Periode ging dem Ende zu, und man wusste nicht, was weiter zu erwarten war.

Michalkow senior erhob sich und verkündete: »Der Apfel fällt also doch weit vom Stamm.«

Alle lachten. Auf diese Weise hatte Michalkow senior sich von seinem Sohn distanziert. Denn er, der alte Michalkow, war als Konformist bekannt, der es verstand, sich an jede Regierung anzupassen. Er wollte keinen Schatten auf seinen fortschrittlichen Sohn werfen. Aber, und das war allen klar – oder jedenfalls mir –, dieser Apfelbaum hatte wunderbare Wurzeln und trug seltene Früchte. Ich rede hier von Kindern und Eltern. Der Vater und die Kinder waren schlicht in verschiedenen Zeiten aufgewachsen.

Eines Tages fiel mir etwas auf: »In Ihrer Familie haben alle große Münder«, sagte ich.

»D-d-damit kann man besser Hurra! schreien«, erklärte Michalkow.

Er versteckte seinen Sarkasmus nicht. Der Sarkasmus war zu seiner Zeit für einen klugen Menschen die einzige Zuflucht.

Wenn man mit den Wölfen lebt, muss man mit den Wölfen heulen. Michalkow arbeitete mit den Wölfen auf Wolfsart zusammen und mit den Nachtigallen auf Nachtigallenart. Alle bekamen ihren eigenen Michalkow. Mein Sergej Michalkow streckte mir unterstützend die Hand entgegen und half mir, in einer Großstadt zu überleben. Wer hätte mich denn damals gebraucht? Niemand. Ich hätte untergehen können wie ein Knopf in einem Pelzmantel. Er jedoch hatte mich in der Moskauer Filmhochschule untergebracht, hatte mich aufs Festland gezogen, und weiter konnte ich mir dann schon selbst helfen.

Er schenkte mir ein Buch mit der Widmung: »Für Viktorija Tokarjewa, der ich einen Schubs gegeben habe und die seitdem auf einer schiefen Ebene nach oben saust.«

Und so war es wirklich. Er hatte mir einen Schubs gegeben, mich von der Stelle bewegt, hatte mir eine Richtung gezeigt.

Eines Tages gingen wir ins Restaurant des Zentralen Literaturhauses, ein Restaurant, zu dem nur arrivierte Schriftsteller Zutritt hatten. Sofort kam ein

Kellner auf Sergej Michalkow zugeeilt und nahm die Bestellung auf.

Ich erinnere mich an diese Bestellung: Geflügelsalat mit Ananas. Mich erstaunte es schon, dass es so einen Salat mit einer Frucht aus Übersee überhaupt gab.

Nach kurzer Zeit brachte der Kellner das Gewünschte, und ich, jung und hungrig, fing an, mir beide Backen vollzustopfen. In meinem Inneren erklang Musik, und ich dirigierte sie mit der Gabel, übervoll vor Glück.

Michalkow saß da und lehnte sich auf dem Stuhl zurück. Er beobachtete mich.

»Iss nur, iss«, ermunterte er mich. »Bei mir zu Hause sind immer alle auf Diät.«

Er sehnte sich nach einem jungen Zugang zum Leben. Seine Frau, die zauberhafte Natalija Petrowna, war zehn Jahre älter als er und achtete, wie alle kultivierten Menschen, auf ihre Gesundheit. Ich dagegen achtete auf gar nichts. Ich lebte einfach.

Sergej Wladimirowitsch hatte ein bisschen getrunken, und so gestand er unerwartet: »Glaubst du, dass ich noch in irgendwen verliebt bin? Ich liebe niemanden … Darunter leide ich.«

Ich erkannte plötzlich, dass er einsam war. Das verblüffte mich. Wie konnte man Einsamkeit verspüren bei so viel Ruhm, bei so einer Position in der Gesellschaft?

Sergej Michalkow wusste, wie ich lebte, und half mir materiell. Nicht mit Geld, nein. Sondern damit, dass er Arbeiten von mir in *Die Zündschnur* aufnahm. Ich schrieb kurze Drehbücher und erhielt dafür ein Honorar. Von dem Honorar kaufte ich einen Fernseher, einen Kühlschrank, Winterstiefel und ließ mir sogar einen neuen Mantel in einem Nähatelier schneidern.

Ich wusste um seine grenzenlose Güte und überlegte, wie ich ihm danken könnte. Wie konnte man einem Menschen danken, der alles hatte? Nur mit Liebe …

Einmal fuhr ich mit meiner gleichaltrigen Leningrader Freundin Natascha in die Redaktion von *Die Zündschnur*. Ich stellte sie Michalkow vor. Und am Himmel ging ein Stern der Liebe auf.

Natascha hatte das Talent einer vollendeten Geisha. Sie umströmte einen geliebten Mann wie ein Fluss, drang in alle Ecken und Ritzen ein.

Die beiden begegneten sich zur genau richtigen Zeit. Jeder konnte dem anderen das geben, was ihm fehlte. Natascha fehlte alles: Liebe, Geld, Unterkunft. Sie war damals obdachlos und unglücklich. Michalkow organisierte ihr eine Wohnung im

Stadtzentrum. Sie renovierte und möblierte sie ganz allein. Denn ihr Geschmack war tadellos.

Als die Wohnung fertig war, lud sie mich ein.

Ich trat aus dem Aufzug. Natascha holte mich ab, ein Paar Hausschuhe in der Hand. Sie fürchtete, ich könnte den Straßenschmutz in ihre Wohnung tragen.

Natascha stand in einem transparenten Umhang vor mir, durch den leichten Stoff sah man ihre Brüste, klein und perfekt, wie zwei Porzellantassen. Weiter unten die elegante Vertiefung ihres Bauchnabels und darunter das dunkle unschuldige Dreieck, wie ein Pfeil ins Paradies. All das führte einen zu dem Gedanken: Wie wunderschön ist der Mensch! Kein anderer Gedanke war möglich. Es wurde offensichtlich, dass alles, was sich gemeinhin zu bedecken gehörte, ganz und gar nicht bedeckt werden musste. In der Natur gibt es nichts Hässliches. In der Natur ist alles schön.

Natascha führte mich in die Wohnung. Sie bewirtete mich mit einem Abendessen.

Sowohl die Wohnung mit den antiken Möbeln als auch das Essen und Natascha selbst – einfach alles war tadellos. Ich dachte: Wer braucht schon mein literarisches Talent? Die Menschen können Bücher lesen oder auch nicht, aber essen muss man dreimal am Tag, und es ist gut, etwas Leckeres zu essen. So ist also Natascha entschieden besser fürs Leben gerüstet als ich.

Sie hatte Michalkow einen weißen Pullover geschenkt und gesagt: »Tragen Sie ihn nicht zu lange am Stück ... Man muss ihn alle drei Tage waschen.«

Er antwortete: »Dann musst du ihn für mich waschen.«

Sie wusch für ihn, ernährte ihn, umarmte ihn, und der Stern ihrer Liebe strahlte noch heller am Himmel.

Seine Frau Natalija Petrowna spürte die Gefahr und lud Natascha zu sich ein. Sie wollte sie persönlich kennenlernen, wollte abschätzen, wie groß die Bedrohung war.

Natascha kam und stellte sich der Königin vor.

Natalija Petrowna rief aus: »Oh! Wie schön groß Sie sind! Ich habe Sie mir kleiner vorgestellt.«

Natalija Petrowna konnte ganz bezaubernd sein, sie war sehr attraktiv, ihr Alter spielte dabei gar keine Rolle. Natascha war auf den ersten Blick von ihr begeistert.

Sie erzählte mir voller Entzücken: »Das ist keinesfalls eine alte Tante. Das ist eine große Dame ...«

Sergej Wladimirowitsch gehörte aber nicht nur sich selbst, und die oberste Regierung erlaubte ihm nicht, dem Ruf der Liebe zu folgen. Und auch er selbst wollte nicht zerstören, was er jahrelang, jahrzehntelang aufgebaut hatte.

So fing die Liebe an, ins Schlingern zu kommen wie ein Lastwagen auf einer Straße.

Unsere unfreundliche Gesellschaft nahm Natascha nicht auf. Wenn sie mit Sergej Michalkow irgendwo auftauchte, hörte sie ständig in ihrem Rücken jemanden tuscheln: »Diese Friseuse ...«

Früher einmal, als ganz junges Mädchen, hatte Natascha tatsächlich einmal als Friseuse gearbeitet. Aber als was für eine!

Heute rennt man talentierten Stylisten die Bude ein. Damals jedoch schob man diesen Beruf in die Sphäre der Bediensteten ab.

Bei Lermontow gibt es die Worte: »Für jeden hellen Tag und jeden süßen Moment zahlst du mit Tränen und Sehnsucht dem Schicksal ...«

Natascha litt. Und alles endete damit, dass sie vom fahrenden Zug der Liebe absprang. Sie heiratete schnell einen anderen und wanderte nach Amerika aus.

Ein heiliger Platz bleibt niemals leer, wie man im Volksmund sagt. An der Seite von Sergej Michalkow tauchte bald eine andere Natascha auf, nur hieß sie vielleicht nicht Natascha. Aber das ist ja auch nicht wichtig ...

Es vergingen viele Jahre. Ich wechselte zur Auslandsabteilung des Sowjetischen Schriftstellerverbandes. Die war in einem einstöckigen langgestreckten Gebäude untergebracht, das in früheren Zeiten einmal als Pferdestall genutzt worden war.

Es war Winter. Der Schnee lag hoch. Ein schmaler Pfad war zum Gebäude hin freigeräumt. Dort stieß ich mit Sergej Michalkow zusammen.

»Bist du das?«, rief er mir zu, mich langsam erkennend. »Wie du dich verändert hast ... Nichts ist von dir übrig geblieben.«

»Na, dann schauen Sie sich mal selbst an«, schlug ich vor.

»Ein reicher Mann ist nie alt ...«, meinte er.

Was für eine Antwort.

Wir begannen ein Gespräch über die zwei Nataschas.

»Und wer hat Ihnen mehr gefallen?«, fragte ich.

»Jede hatte ihre V-v-vorzüge. Aber beide waren nicht die Eine.«

»Vielleicht sollten Sie noch einen letzten Seitensprung wagen und die Eine finden?«

»Die Eine g-g-gibt es gar nicht.«

Die Suche nach dem Ideal und die Sinnlosigkeit dieser Suche ist das große Thema der gesamten Weltliteratur. Und Michalkow formulierte es in einem einzigen Satz: »Die Eine gibt es gar nicht.«

Jeder Mensch sucht den Einen oder die Eine, aber er wird nicht fündig. Warum? Eben darum, weil es sie gar nicht gibt. Und er sucht weiter, und damit bewegt er die Weltkugel. Die Suche, das ist die Weltachse. Oder doch nicht. Eher ist die Liebe die Weltachse. Und das Drehen der Weltkugel ist die Suche.

Es kam die Perestroika, auch eine Art Revolution. »Wer nichts war, wird alles werden«, hieß es in einem Revolutionslied. Und wer alles war, musste nichts werden.

In meiner Wohnung ertönte ein Telefonklingeln, und ich erkannte die Stimme Sergej Michalkows, die ich schon fünfzehn Jahre nicht mehr gehört hatte.

»V-v-viktorija! Hilf mir. Man beleidigt mich.«

»Wer?«, rief ich.

»Uspjenskij, Ostjer, die verdammten Juden.«

»Und wie soll ich da helfen?«

»Keine Ahnung. Denk dir was aus.«

Ich legte den Hörer auf und ging ins andere Zimmer. Mein Mann saß im Sessel und las Zeitung.

»Michalkow hat gerade angerufen«, sagte ich. »Er bittet um Beistand. Sie machen ihn fertig.«

Mein Mann ließ die Zeitung sinken. Er sagte: »Ich rate dir, misch dich da bloß nicht ein. Michalkow hat einen schlechten Ruf. Man rächt sich an ihm wegen der Sache mit Pasternak.«

»Und warum haben sie sich nicht früher gerächt? Wieso waren sie früher nicht so mutig und sind hinter den Hausecken verschwunden? Aber jetzt sind sie plötzlich kühn geworden, jetzt, wo man es kann …«

»Wie du willst«, sagte mein Mann. »Aber es wäre besser, du würdest dich da raushalten.«

Dann wäre ich also damals, als ich ihn brauchte, aus Leibeskräften zu ihm gerannt. Und jetzt, da er meine Unterstützung brauchte, sollte ich abseits-stehen und mich raushalten? Undankbarkeit ist eine Sünde. Sie ist überhaupt eine ekelhafte mensch-liche Eigenschaft. Wenn ein nahestehender Mensch geschlagen wird, ist es doch nur logisch, sich ins Epizentrum der Keilerei zu werfen, auch wenn man dadurch riskiert, selbst eins aufs Dach zu bekom-men.

Ich ging also ins Theater Sovremennik, dort sah ich Eduard Uspjenskij.

»Wieso machst du Michalkow fertig?«, fragte ich streng.

»Was geht dich denn das an?«

»Er ist ein sehr guter Mensch.«

»Zu dir ist er vielleicht ein guter Mensch. Aber du weißt nicht, wie sehr er die Kinderliteratur unterdrückt hat, nach dem Motto: Ersäuf die Kätzchen, solange sie noch blind sind.«

»Was war, ist vergangen«, entgegnete ich. »Und jetzt ist er alt. Er ist 86. Schämt ihr euch nicht, nach einem alten Löwen mit den Hufen auszuschlagen?«

»Gemeinheit kennt auch kein Alter«, sagte Uspjenskij.

»Was fehlt dir denn? Du bist reich, berühmt, jung. Lebe und freu dich. Wieso gärt in dir so ein Mist? Sei ein Mann, verdammt noch mal.«

Das Licht ging aus. Das Schauspiel begann. Nach einer gewissen Zeit blickte ich zu Uspjenskij. Er saß da und starrte auf den Boden. Offensichtlich überdachte er meine Worte.

Vielleicht hatte man ihn wirklich mit der Faust niedergedrückt, doch er hatte selbst noch unter der Faust Funken geschlagen und sie nach allen Seiten versprüht. Seine Tscheburaschka-Figur war um die ganze Welt gegangen. Uspjenskij war talentiert, aber Michalkow war es doch auch. Man kann sich an einem wegen Talentlosigkeit rächen, aber nicht an einem mit Talent.

Ich schrieb einen Text für die Zeitschrift *Ogonjok*. Es war ein Artikel über meinen Michalkow. Er trug den Titel: »Lügen ist nicht gut!«

Die Zeitschrift erschien. Sergej Michalkow rief mich an: »Danke, Vikotschka.«

46

Ich war verlegen und fragte daher schnell: »Wie geht es Ihren Kindern?«

»Hast du den Film *Urga* gesehen?«, fragte Michalkow seinerseits.

»Hab ich gesehen.«

»Und *Der engste Kreis*, hast du den gesehen?«

»Hab ich.«

»Na, was fragst du dann? Meine Kinder sind auf der ganzen Welt bekannt …«

Und das war die Wahrheit. Die Kinder hatten das Talent der Eltern geerbt, aber ich kann nicht sagen, dass sie es vermehrt hätten. Sie waren auf ihre Art talentiert. Und Sergej Michalkow war es auf seine Art, und in dieser, seiner Art, war er unübertroffen.

Was soll man sagen? Ich liebte meinen Michalkow. Und ich liebe ihn bis heute. Natürlich gab es auch Menschen, die gar nicht gut auf ihn zu sprechen waren. So groß die Tugenden sind, so schwer sind auch die Mängel. Aber seine Waagschale mit dem Guten wog schwerer als alles.

Natalija Petrowna Kontschalowskaja starb.

Zufällig sah ich Sergej Wladimirowitsch in diesen Tagen. Er war am Boden zerstört. Ich verstand plötzlich, dass Natalija Kontschalowskaja sein Ein und Alles gewesen war.

Die parallelen Liebesbeziehungen hatten sein Leben verschönert wie Schnittblumen in einer Vase. Und sie waren ebenso unausbleiblich verwelkt. Aber die Familie war ein Anker für ihn, sie war ewig und stand über allem.

Sergej Michalkow war nun verwitwet. Er ging oft ins Literaturhaus zum Mittagessen. Eines Tages erblickte er dort eine schöne junge Frau. Er ging zu ihr und sagte: »Ich bin der Dichter Sergej Michalkow. Ich möchte Sie kennenlernen.«

Die junge Frau, sie hieß Julija, seufzte vor Vergnügen auf und sagte: »Was für ein Glück, den großen Michalkow persönlich zu sehen!«

»Wenn Sie wollen, können Sie mich ständig sehen«, entgegnete Michalkow.

Das waren eine Liebeserklärung und ein Heiratsantrag in einem.

Meine Freundin Natascha hatte zehn Jahre lang auf einen Antrag von ihm gewartet, aber sie hatte ihn nicht bekommen. Und Julija erhielt ihn sofort, schon bei der Vorstellung. Michalkow war frei, er war sechsundachtzig, da gab es keine Zeit mehr zu verlieren.

Michalkow heiratete Julija. Sie war siebenunddreißig Jahre alt. Ein Unterschied von fast fünfzig Jahren.

Als ich Julija zum ersten Mal sah, wunderte ich

mich: Sie war schön, hatte Klasse, war aus gutem Hause. Konnte sie denn keinen Gleichaltrigen finden?

Ich habe natürlich nicht gefragt, aber mir so meine Gedanken gemacht. Julija las sie und sagte: »Für mich ist das Alter nicht wichtig, wichtig ist nur die Persönlichkeit.«

Das war auch ein Standpunkt. Viele Frauen wären einverstanden, mit einem alten Mann zu leben, einem Impotenten oder einem Zwerg, Hauptsache, dass er eine grelle und talentierte Persönlichkeit wäre, die einem geistig nährt und bereichert.

Gott schenkte Michalkow ein langes Leben.

Sergej Michalkow und Julija lebten in Eintracht und Freude.

Bei Jurij Nagibin finden sich die Worte: »Erst im Alter lieben die Menschen einander wirklich.«

Man kann das nachvollziehen: An erster Stelle steht dann nicht mehr die Leidenschaft, sondern die Zärtlichkeit. Die Leidenschaft ist ein irdisches Gefühl, die Zärtlichkeit jedoch ein göttliches. Die Leidenschaft kann vergehen, die Zärtlichkeit nicht.

Ich lud Sergej Wladimirowitsch und Julija zu meinem runden Geburtstag ein. Ich feierte ihn im Literaturhaus, hatte also nicht weit zu gehen, ich musste nur einmal die Straße überqueren.

Die beiden kamen. Sie waren ein schönes Paar: beide groß und schlank und ganz in Schwarz und Weiß gekleidet.

Sergej Wladimirowitsch trug einen Spazierstock bei sich. Der hatte einen silbernen Knauf.

Das Alter stand ihm gut. Sergej Wladimirowitsch sah besser aus als in der Blüte seiner Jahre. Man konnte ihn unmöglich einen Greis nennen. Nein, er war ein Patriarch.

An meinem Tisch saßen meine Familie, die sich stark vergrößert hatte, und meine Freunde. Wie man so sagt, die Verwandten und die Nächststehenden.

Sergej Michalkow sprach einen Toast aus: »Ich habe Viktorija kennengelernt, als sie ihre ersten Schritte tat. Das war kein junges Mädchen, das war der Eisbrecher *Jermak*. Heute schreibt sie Bücher, die man unbedingt lesen will.«

Meine Bücher sind schnell ausverkauft. Der Leser stimmt mit dem Rubel ab. Wovon zeugt das? Davon, dass ich den Verlagen Profit bringe und sie mich verlegen wollen.

In der Sowjetzeit kam einmal in fünf Jahren ein Buch von mir heraus. Warum? Weil ich nicht der Hauptlinie der Partei entsprach, denn ich schrieb über gewöhnliche Menschen und ihre Gefühle. Heute erscheint jedes Jahr ein Buch von mir. Das ist der Kapitalismus. Materiell war ich nun gut gestellt, aber ich war nicht mehr jung. Ich war ins mittlere Alter eingetreten. Was kann man da schon tun? Etwas verliert man immer, aber dafür findet man etwas anderes.

Am Tisch saß schon mein zehnjähriger Enkel Petruscha, Augen wie Seen, die Stirn oft gerunzelt. Er hatte meistens schlechte Laune. Ständig gefiel ihm etwas nicht.

Meine Gäste gingen aus dem Saal, um zu rauchen. Sergej Michalkow und ich blieben allein am Tisch.

»Ist es schwer, alt zu sein?«, fragte ich.

»Kommt drauf an, wen man an seiner Seite hat«, antwortete er. »Ich werde geliebt …«

Ich verstand: Das waren grundlegende Worte. Und es waren echte, einfache Worte, keine Feiertagsansprache.

Wenn neben dir ein Mensch ist, den du liebst, und er dich liebt, kannst du sogar einhundertzwanzig Jahre leben, wie Moses, und die Jahre sind dann keine Last.

Ich kehre ins Jahr 1962 zurück. Sergej Michalkow hatte mich in der Moskauer Filmhochschule untergebracht, wo ich bei der Aufnahmeprüfung mit Pauken und Trompeten durchgefallen war. Na gut, ohne Pauken und Trompeten. Ich hatte einfach nicht genug Punkte. Ein Zufall. Ein Roulette.

Ich wurde in den ersten Kurs eingeteilt.

Im Herbst würde sich die Gruppe zum Studium versammeln, und ich wäre mit dabei.

Alle rissen die Augen auf. Wir hatten zusammen die Prüfung abgelegt, ich war durchgefallen. Hatte vor aller Augen vor Kummer laut aufgeschluchzt, und nun war ich doch reingerutscht. Klar wie Kloßbrühe – da war Bestechung am Werke.

Diejenigen, die bestechen, verachtet man. Auf Grund welcher Talente hatte ich mich nach dem Durchfallen doch noch reinschleichen können? Garantiert nicht wegen irgendwelcher literarischer. Keiner sagte mir was offen ins Gesicht, aber ich spürte die Kälte meiner Mitstudierenden.

Unter ihnen war ein gewisser Jurij Bogdanow. Er war aus Rostow und stammte aus einer Diebesfamilie. Sein Onkel, der Bruder seines Vaters, war Taschendieb, zog den Leuten in Trams und Bussen das Geld aus der Tasche. Er nahm dazu seinen Neffen Jurij mit. Der hatte eine kleine Kinderhand, die am geeignetsten war, um in fremde Taschen einzudringen.

Jurij, genannt Jura, wuchs heran und verspürte in sich den unwiderstehlichen Ruf der Schriftstellerei. Er setzte die Diebesdynastie nicht weiter fort, reiste nach Moskau und bestand die Aufnahmeprüfung für das Filminstitut mit Glanz. Er verliebte sich sofort in mich, noch während der Aufnahmeprüfung. Er verliebte sich heftig, ja fast tödlich.

Wir gingen zusammen zu den Vorlesungen, zu Seminaren, zu Filmvorführungen. Wir setzten uns nebeneinander und fühlten uns wohl. Es war wunderbar.

Aber verliebt war ich nicht. Ein Dieb als Freund, das hätte mir gerade noch gefehlt. Aber Juras Gefühle mir gegenüber wärmten mich wie die Sonne und retteten mich förmlich in der unfreundlichen Atmosphäre meiner Mitstudierenden. Ich bemerkte ihre Skepsis mir gegenüber kaum noch, denn mich umflossen die mächtigen und zärtlichen Wellen von Juras Liebe.

Welche Rolle hat er in meinem weiteren Leben gespielt? Gar keine. Aber so ein tiefes Gefühl vergisst man nicht.

Wie er war? Er war liebevoll. Hatte große dunkelbraune Augen, kindlich lange Wimpern, trug immer ein gutgebügeltes Hemd. Offensichtlich wusch und bügelte er es selbst.

Die Gruppe hatte mich im Verdacht, dass ich ihn nicht liebte, sondern nur ausnutzte. Aber wie hätte ich einen armen Studenten aus einer fernen Stadt ausnutzen können?

Die erste Arbeit, die wir im Drehbuchfach schrieben, war eine stumme Studie. Ich dachte mir die stumme Szene *Schnee im Juni* aus. Gemeint war der Flaum der Pappeln im Sommer. Ich erinnere mich schon nicht mehr genau, worum es dabei ging. Wahrscheinlich um Liebe, um was auch sonst?

Wir gaben unsere Arbeiten ab. Unser Lehrer, Professor Weissfeld, las sie durch. Und da wiederholte sich, was mir schon in der Schule Nummer hundertvier geschehen war. Ich bekam eine Eins, als Einzige.

Die erste Reaktion des Kollektivs war Schock. Die zweite Reaktion war Bestürzung. Die Gruppe versammelte sich zum Rudel und ging auf Weissfeld los. Im Namen aller trat eine gewisse Olga auf, eine Intellektuelle und Gerechtigkeitsfanatikerin.

Sie sagte: »Wie können Sie der Tokarjewa eine Eins geben, wenn doch bekannt ist, dass Bogdanow das für sie geschrieben hat?«

»Und wieso ist das bekannt?«, fragte Weissfeld verwundert.

»Na ja ... Sehen Sie das denn nicht selbst?«

»Was soll ich nicht selbst sehen?«, fragte Weissfeld verständnislos.

»Bogdanow hat das geschrieben. Das ist doch klar.«

»Das ist überhaupt nicht klar. Und Sie können das auch nicht beweisen.«

Die Gruppe zerstreute sich, aber sie trugen einen »heiligen« Zorn mit sich.

Mit Bogdanow wurde ein Gespräch geführt. Die Gruppe nahm ihm das Ehrenwort ab, dass er mich links liegen lassen würde. Bogdanow versprach es, aber er hielt das Versprechen nicht. Er konnte einfach nichts dagegen tun. Die erste Liebe hatte ihn getroffen, und er konnte sie nicht in sich abtöten.

»Was kann ich machen, dass du die Meine wirst?«, fragte er mich.

»Werde berühmt wie Jurij Kazakow ...«

Es war die Zeit des wunderbaren Prosaschriftstellers Jurij Kazakow. Man nannte ihn damals einen zweiten Bunin.

»Das werde ich«, versprach Jura und glaubte fest daran, dass er es schaffen würde.

Eines Tages fuhren wir zusammen zu Katerina Winogradskaja nach Peredelkino. Wir waren noch nicht ganz bei ihrem Haus, als wir in einen kleinen Hain abbogen. Neben einem Baum blieben wir stehen.

Jetzt musste das Küssen kommen. Bis dahin war unsere Beziehung rein platonisch gewesen. Jura hatte mich im Bus begleitet, der von der Filmhochschule in die Gorkistraße fuhr. Ich musste fast eine

Stunde fahren. Und genau diese Stunde war unser gemeinsames Leben und sein ganzes Glück.

Wir standen also unter dem Baum. Ich wartete, dass er die Initiative ergreifen würde, mich endlich an sich zöge. Aber das tat er nicht. Er war schüchtern. Er konnte sich nicht entschließen. Ich war für ihn wie unerreichbar, und wenn er mich berührt hätte, dann wäre er in Ohnmacht gefallen.

Er war ein reiner, rührender Junge aus der Provinz. Ich wusste nicht: War er begabt, könnte er ein Jurij Kazakow werden? Und wer könnte er für mich werden? Nur ein Hund, noch dazu ein Hofhund.

Im zweiten Kurs hatte Jura das begriffen, und er beschloss, von der Moskauer Filmhochschule abzugehen und wieder nach Rostow zurückzukehren.

Ich begleitete ihn zum Bahnhof.

Wir gingen zur Metro hinunter und warteten auf die Einfahrt des nächsten Zuges.

Plötzlich war mir ganz schrecklich zumute. Ich begriff, dass er jetzt für immer abreisen würde, und in meinem Herzen bildete sich ein tiefer Spalt, der es zu sprengen drohte.

Nur um es noch gesagt zu haben: Die stumme Szene hatte ich natürlich selbst geschrieben, und ich hatte ihm sogar geholfen, auch seine zu schreiben. Es kam nur allen so vor, dass er mit seiner Biographie näher an der düsteren Prosa war als ich mit meiner. Was hatte es bei mir schon groß gegeben? Eine musikalische Ausbildung, ein fröhlicher Charakter, ein gesunder Leichtsinn. Zu tiefsinnigen Grübeleien zog es mich nicht gerade, und in mir ein Talent und eine Neigung zu ernsthaften Überlegungen zu erahnen wäre niemandem in den Sinn gekommen.

Aus der Tiefe des Tunnels erschien der Zug. Jetzt würde Jura sich da hineinsetzen und wegfahren. Mochte er auch ein Provinzler gewesen sein, vielleicht ein Defätist ... Aber ich war doch einem großen Gefühl begegnet. Und das ist eine hochkarätige Kostbarkeit, die der liebe Gott einem kaum zweimal schenkt.

»Nicht nachdenken jetzt«, befahl ich mir. »Nur nicht nachdenken.«

Er betrat den Waggon.

»Nicht nachdenken jetzt«, wiederholte ich wie ein Mantra. So verhält sich wahrscheinlich ein Selbstmörder, der sich aus dem Fenster stürzen will. Auch er sagt sich wohl: »Nicht nachdenken jetzt ...« Und dann tut er den Schritt ins Nichts.

Ich habe Jura nie mehr wiedergesehen. Wozu auch?

Er hätte mich finden, hätte zu mir sagen können: »Ich habe dich geliebt ...«

»Und ich habe es gewusst«, hätte ich geantwortet. »Und wie geht es dir jetzt?«

»Ein Jurij Kazakow ist nicht aus mir geworden. Ich arbeite bei einer Zeitschrift.«

»Und wie geht es deinem Onkel?«

»Welchem Onkel?«

»Dem Dieb. Stiehlt er immer noch?«

»Nein.«

»Hat er sich gebessert?«

»Er ist einfach alt geworden. Die Geschicklichkeit ist weg. Und seine Gelenke schmerzen.«

»Was haben denn die Gelenke damit zu tun?«

»Die braucht man zum Abhauen.«

Aber er hat mich nicht gesucht und gefunden. Und ich habe ihn ebenfalls nicht gesucht. Aber ich erinnere mich an ihn. So wie man sich an kristallklares Wasser aus einer Quelle erinnert, von dem einem die Zähne kalt werden und das im Inneren alles zum Klingen bringt.

Im zweiten Kurs schrieb ich ein Stück für *Die Zündschnur*. Eine kurze Geschichte darüber, dass eine junge Lehrerin einen ganzen Tag lang nicht lügt, nur das sagt, was sie wirklich denkt.

In diesem Monat fiel mir die Erzählung *Ehrlich gesagt* in die Hände. Die hatte Wladimir Woinowitsch geschrieben.

Ich las sie durch und erstarrte zur Salzsäule. In mir geschah etwas, es war, als wenn man mich an ein kosmisches Stromnetz angeschlossen hätte, der Strom floss, und die Schriftstellerin in mir hackte sich durch die Eischale und schlüpfte hervor, die Schriftstellerin, die vorher tief in den Genen verborgen gewesen war.

Ich fragte mich durch: Wer war dieser Woinowitsch? Ich erfuhr, dass er im Club der Eisenbahner eine Lesung gab, und ging dorthin, um ihn zu treffen. Ich wollte ihn unbedingt persönlich sehen. Wie war er? Wie sahen solche Übermenschen aus?

Dieser Übermensch erwies sich jedenfalls als kleinwüchsig, die Haare standen ihm vom Kopf ab, er trug einen billigen Anzug von dunkelbrauner Farbe, seine großen Augen waren weit aufgerissen. Er sah wie ein Igel aus, den Hunde verschreckt hatten und der aus seiner Höhle auf eine Wiese gerannt war.

Wolodja Woinowitsch war fünf Jahre älter als ich. Nur fünf Jahre, aber er hatte die Höhen des Olymps bereits erklommen und badete im Ruhm.

Im Club der Eisenbahner las Woinowitsch die Erzählung *Die Entfernung von einem halben Kilometer*. Das Thema dieser Erzählung war ein sinnloses Leben und ein sinnloser Tod. Als sein Auftritt zu Ende war, drängte ich mich zu Woinowitsch durch und streckte ihm die zwei Seiten hin, die in *Die Zündschnur* abgedruckt worden waren. Dazu sagte ich: »Auch mich bewegt das Beerdigungsthema.«

Später, wenn er mich hochnehmen wollte, nannte er mich oft zum Spaß »das Beerdigungsthema«.

Nach ein paar Tagen trafen wir uns. Woinowitsch gab mir meine Ausgabe von *Die Zündschnur* zurück und sagte: »Deine Stärke liegt in den Details. Schreib ausführlicher.«

Ich ging nach Hause und schrieb den Text noch einmal um, ich schrieb ausführlicher. Aus zwei Seiten wurden zweiundvierzig. Woinowitsch dachte sich den Titel für mich aus: *Ein Tag ohne Lügen.*

Die Erzählung gefiel ihm, und er empfahl sie der Zeitschrift *Novy mir.* Ich fragte: »Wieso hast du sie hingebracht, wolltest du mir einen Gefallen tun?«

Er antwortete: »Selbst wenn ich diese Erzählung auf der Straße gefunden hätte, hätte ich sie hingebracht.«

Das war ein Kompliment.

Die *Novy mir* lehnte die Erzählung dennoch ab. Natürlich, denn Twardowskij bevorzugte in dieser Zeit die »Dörfler«, also die Prosaschreiber, die statt des Stadtlebens das Landleben beschrieben und so die rauhe Wirklichkeit widerspiegelten.

Ich setzte mich in den Bus und brachte meine

Erzählung zur Zeitschrift *Molodaja gwardija – Die neue Garde*. Wieso gerade dorthin? Weil ihre Räume in der Nähe meiner Wohnung lagen, nur drei Bushaltestellen entfernt.

Ich ging durch die Flure der Redaktion und las die Schildchen an den Türen: »Abteilung Lyrik«, »Abteilung Prosa«, »Abteilung Leserbriefe« und »Stellvertretender Chefredakteur«. Vor dem letzten Schildchen blieb ich stehen. Und dann ging ich hinein.

Am Schreibtisch saß Alexander Jewsejewitsch Rekjemtschuk. Er war ziemlich dick, glatzköpfig und hatte fröhliche Augen.

»Guten Tag«, grüßte ich.

»Guten Tag. Wer sind Sie?«

»Ich habe Ihnen meine Erzählung mitgebracht.« Ich legte das Manuskript vorsichtig auf den Schreibtisch.

»Woher kommen Sie?«

»Von der Straße.«

»Und wer hat Sie geschickt?«

»Niemand. Ich bin von selbst gekommen.«

»Ist ja interessant. Wenn jetzt alle anfangen, von der Straße zu mir hereinzukommen, bleibt mir keine Zeit mehr für meine Arbeit. Wir haben doch eine Abteilung für Prosa …«

»Soll ich sie wieder mitnehmen?«, fragte ich und

streckte schon die Hand nach meiner Erzählung aus.

Meine Folgsamkeit rührte Rekjemtschuk. Er umfing mich mit seinen rotbewimperten fröhlichen Augen: Ich war jung, direkt und trug eine Kette aus Holzperlen um den Hals, die den hölzernen Kugeln eines Abakus ähnelten.

Rekjemtschuk war von irgendwo aus dem Norden hergezogen. Und er hatte sofort ein großes Amt bekommen. Er war nicht an Nomenklatura-Ämter gewöhnt, war talentiert, ein lebendiger und eigenwilliger Mensch. Er konnte sich betrinken, sich prügeln und in die Milizstation geraten. Bei den Nomenklatura-Typen gab es so etwas nicht. Das waren alles *Menschen im Futteral* wie in der gleichnamigen Erzählung Tschechows. Ich hatte einfach Glück gehabt, genau diese Tür zu öffnen.

In Rekjemtschuk reifte ziemlich schnell, wenn nicht gar sofort, der Plan, mir den Hof zu machen. Er wollte den Zufall und seine dienstliche Position ausnutzen. Er las meine Erzählung ziemlich schnell … und war verstört. Die Erzählung unterschied sich deutlich vom sonstigen Strom der Literatur.

Rekjemtschuk rief die Prosaabteilung zu sich und gab die Anweisung, von nun an die Manuskripte, die per Post kamen oder persönlich von der

Straße hereingetragen wurden, die sogenannten unaufgefordert eingesandten Manuskripte, aufmerksamer zu lesen. Darunter könnte sich ja doch ein unaufgefordertes Talent verbergen.

Außerdem rief mich Rekjemtschuk zu Hause an. Es klingelte in meiner Kommunalwohnung. Meine Schwiegermutter ging an den Apparat, hörte ihm zu und rief dann unzufrieden schnarrend über den Gang: »Für dich ...« Sie mochte keine Männerstimmen.

Ich nahm den Hörer und meldete mich: »Ja ...«

Auf der anderen Seite wurde lange geschwiegen. Dann fragte Alexander Jewsejewitsch pointiert nach: »Spricht dort Viktorija?«

»Ja, klar«, bestätigte ich. »Wer ist denn da?«

»Rekjemtschuk.«

»Oh ...«, sagte ich erschrocken.

»Sagen Sie, wann haben Sie diese Erzählung geschrieben?«

»Vor einer Woche war sie fertig.«

»Und haben Sie sie noch irgendwo anders hingebracht?«

»Nein ...«, schwindelte ich.

Ich verschwieg, dass die Erzählung auch schon der *Novy mir* vorgelegen hatte, aber immerhin war es ja nicht ich, sondern Woinowitsch, der sie dorthin gebracht hatte.

»Und warum haben Sie sie zur *Molodaja gwardija* gebracht?«

»Weil ich in der Nähe wohne.«

»Ist das alles?«

»Ja. Na und?«

Pause. Wir unterhielten uns mit langen Pausen, man konnte den Eindruck gewinnen, dass Rekjemtschuk Zeit gewinnen wollte. Aber in Wirklichkeit hatte er Angst, dass ihm ein großer Fisch vom Haken gehen könnte, und war nur sehr vorsichtig.

»Könnten Sie nicht herkommen?«, fragte Rekjemtschuk.

»Wann?«

»Morgen.«

»Um wie viel Uhr?«

»Gegen zwei Uhr.«

»Gut«, sagte ich. Natürlich war ich einverstanden.

Rekjemtschuk legte den Hörer auf, und ich stand voller Unverständnis da: Hatte ihm die Erzählung nun gefallen oder nicht? Wozu sollte ich zu ihm kommen? Nur um das Manuskript wieder abzuholen?

Üblicherweise antwortete man mir in diesen Zeiten, wenn ich etwas in eine Redaktion brachte: »Das ist rührend, talentiert, aber …« Sie zählten mir die Abers auf, und ich ging auf Nimmerwieder-

sehen. Die Absagen waren nie grob, sondern laute-
ten immer genau so: rührend, talentiert, aber ... Ich
hatte mich schon an diese Formulierungen gewöhnt.

Am nächsten Tag stand ich vor den Augen
Rekjemtschuks. Er erhob sich schweigend und
führte mich zum Chefredakteur. Der Familienname des Chefs war Nikonow: ein repräsentativer,
großer »Mann im Futteral«. Das Futteral war von
grauer Farbe. Aus irgendeinem Grund trugen sie
damals alle Grau. Und ein weißer Kragen saß über
der Krawatte. Das musste sein.

Nikonow stand auf und kam mir entgegen, er
setzte einen freundlichen Gesichtsausdruck auf.

»Das ist rührend geschrieben, talentiert ...«, begann er.

»Aber ...«, sagte ich ihm vor.

»Aber Sie brauchen ein Geleitwort.«

Ich verstand gar nichts.

»Ist das Ihre erste Veröffentlichung?«, fragte Nikonow neugierig.

»Ja.«

»Und wie alt sind Sie?«

»Sechsundzwanzig.«

»Eine werdende Schriftstellerin«, sagte Rekjemtschuk vor.

»Wir würden Ihnen gern ein Geleitwort voranstellen. Irgendeiner der Klassiker sollte es schreiben.«

»Was für ein Klassiker?«

»Ganz egal. Wer Ihnen gefällt. Die Erzählung soll mit dem Vorwort eines Klassikers erscheinen.«

»Dann wollen Sie sie drucken?«, dämmerte mir langsam.

»Wir bringen sie in der Juli-Ausgabe«, sagte Nikonow. »Wir brauchen noch ein gutes Foto und eben ein Geleitwort.«

Ich hätte mich ihm am liebsten an den Hals geworfen, aber das wäre peinlich gewesen, und dieser Weißkragen hätte es wohl auch nicht zu schätzen gewusst.

Es gibt Menschen, die Chefs nicht mögen, weil sie in ihnen Schufte und Nieten sehen, die zur Erreichung ihres Ziels über die Köpfe anderer hinwegtrampeln. Und es gibt Menschen, vor allem Frauen, die Chefs lieben, denn Chefs bedeuten Macht, und jede Macht ist erotisch. Ich persönlich fürchte Chefs. Sie sind für mich wie Wesen von einem anderen Planeten, es ist völlig unverständlich, was in ihren Köpfen vorgeht.

Rekjemtschuk und ich verließen das Büro. Ich sah in seine glänzenden Augen. Und mir war klar, wenn ich durch die Tür mit dem Schildchen »Abteilung Prosa« getreten wäre, dann hätte diese Abteilung meine Erzählung einen Monat lang behalten, und anschließend wäre sie ungelesen zu mir zurückgekommen mit der Formulierung »Das ist rührend, talentiert, aber …«

Man kann es ja verstehen: Da sitzen Redakteure, die für einen Hungerlohn Berge von Manuskripten lesen müssen, die einem das Hirn eintrocknen lassen. Was ging es sie an, was ich da schrieb? Und was kann eine junge Frau auf hohen Absätzen und mit Holzperlen um den Hals schon schreiben? Mein Glücksfall war der aufgeschlossene Alexander Rekjemtschuk mit seiner noch nicht abgenutzten Seele, seiner unerschütterlichen Liebe zur Literatur und – das war das Wichtigste – mit einem Talent fürs Menschsein. Später unterrichtete er am Gorki-Literaturinstitut Prosa. Die Studierenden vergötterten ihn. Kurze Zeit war er auch Chefredakteur von Mosfilm, der größten staatlichen Filmproduktionsgesellschaft, wurde aber dann gefeuert. In höheren Positionen brauchte man Besonnenheit und Diplomatie.

Ich fing also an, darüber nachzudenken, wer mir ein Geleitwort schreiben könnte. Gute Schriftsteller gab es viele, aber, in der Sprache von heute gesprochen, der Schriftsteller mit dem größten Glamour-Faktor war Konstantin Simonow. Er war unser sowjetischer Hemingway: grauhaarig, gut-

aussehend, berühmt. Schriftsteller, vor allem die
»Dörfler«, schossen wie Pilze aus dem Boden, einer nach dem anderen. Elegant sahen jedoch nur
zwei aus: Konstantin Simonow und Jurij Nagibin.

Ich suchte mir Simonow aus. Die Redaktion der
Molodaja gwardija schickte ihm einen Brief mit der
Bitte, mir ein Geleitwort zu schreiben. Ich konnte
ja schlecht einfach so bei Simonow aufkreuzen. Ich
nahm also den Brief, legte meine Erzählung bei und
ging zu der angegebenen Adresse.

Olga, meine Freundin aus der Filmhochschule –
dieselbe, die am Anfang so einen Aufstand gegen
mich angezettelt hatte –, nahm meine Inszenierung
für den Gang zu Simonow in die Hand. Sie brachte
von sich zu Hause Schmuck mit: einen Anhänger
mit einem Brillanten und eine Opalbrosche. Olga
staffierte mich aus wie eine Braut. Konstantin Simonow sollte schon allein von meinem Schmuck
geradezu geblendet sein.

Aber Konstantin Michailowitsch war nicht geblendet. Er bat mich nicht einmal herein. Ich
blieb draußen im Treppenhaus stehen, und all der
Schmuck war unter dem Mantel verborgen, der
Brillantanhänger genauso wie die Opalbrosche.

Er nahm den Brief der Redaktion und das Manuskript entgegen und sagte schüchtern lächelnd:
»Ich kann Ihnen nicht die Hand geben. Sie riecht

nach Wodka. Ich mache meinem Hund gerade eine Kompresse.«

Ich nickte verständnisvoll. Er schloss die Tür, und ich ging die Treppe wieder hinunter, ich fühlte mich bespuckt, war nicht ins Heiligtum vorgelassen worden.

Als ich ein Stockwerk hinuntergestiegen war, blieb ich vor einem großen Fenster des Treppenhauses stehen. Ich schaute auf die schneeweißen Bäume. In mir tat sich etwas, wie in der Atmosphäre, wenn sich Schichten vermischen. Was genau? Ich konnte es nicht herausfinden. Wahrscheinlich lag es daran, dass Simonow so ungeheuer berühmt war. Der Geruch des Reichtums, des Talents, des Ruhmes zu Lebzeiten.

Einmal habe ich die kleine Marusja Tschuchraj gefragt: »Marusja, willst du eines Tages mal berühmt werden?«

»Wozu?«, fragte sie.

»Weil dich dann alle Menschen auf der Welt lieben.«

»Und wozu sollen mich Leute lieben, die ich nicht einmal kenne? Ich will, dass mich die lieben, die um mich herum sind.«

Heute, in meinem dritten Lebensabschnitt, bin ich mit Marusja ganz und gar einverstanden. Wozu braucht man die Liebe fremder Leute?

Das ganze Land liebte Simonow. Er hatte einen schweren Tod, und das ziemlich früh, mit nur dreiundsechzig Jahren. Er hatte Probleme mit den Bronchien, konnte kaum noch atmen.

Ich traf ihn noch kurz vor seinem Tod. Er war kreidebleich im Gesicht. Ich war so erschrocken, dass ich sagte: »Sie sehen gut aus ...«

»Sie sind heute schon die Dritte, die das zu mir sagt«, meinte Konstantin Michailowitsch lachend.

Ihm war bewusst, dass die Leute sich erschraken, und bemühte sich, sie zu beruhigen.

Simonow las damals die Erzählung und rief mich an. Es war zehn Uhr morgens. Das Telefonklingeln riss mich aus meinen Träumen. Doch Simonows Stimme erkannte ich sofort.

»Ich denke nicht, dass es werdende und gestandene Schriftsteller gibt. Schriftsteller ist man, oder man ist es nicht. Und Sie sind einer.«

Konstantin Michailowitsch sagte weiterhin alles, was er für nötig hielt, und legte dann den Hörer auf. Ich dagegen konnte ihn nicht loslassen. Ich hörte das kurze Tuten in der Leitung und presste den Hörer ans Gesicht, als wäre es die Fotografie eines geliebten Menschen.

Die Erzählung kam im Sommer heraus, im Juli. Mit einem guten Foto von mir und dem Geleitwort von Konstantin Simonow. Es war ein Paradeauftritt.

Ich machte zu der Zeit gerade im Baltikum Urlaub, im Haus des Schaffens der Schriftsteller.

Mein Mann kaufte die Zeitschrift an einem Kiosk und brachte sie mir an den Strand.

Ich schlug sie auf, sah meine Erzählung und lief am Ufer entlang. Es war wie im Film. Ich lief und lief, weil ich einfach nicht auf der Stelle stehen konnte. Vor Glück riss es mich fast in Stücke. Und wenn ich stehen geblieben wäre, wäre ich explodiert wie ein überhitzter Atomreaktor.

Ich lief bis zur nächsten Bushaltestelle: von Dsintari bis Majori. Das war der glücklichste Tag meines Lebens. Ich hatte mich endlich selbst gefunden. Von diesem Tag an begann mein wirkliches Leben, in dem es nichts Überflüssiges mehr gab.

Wem habe ich das zu verdanken?

Zum Ersten den Genen. Zum Zweiten Wolodja Woinowitsch. Er hatte zur richtigen Zeit die richtigen Worte gesagt: »Deine Stärke liegt in den Details. Schreib ausführlicher.« Das Zusammentreffen mit ihm war richtungsweisend. Die große Explosion, nach der sich das Universum neu gestaltete.

Er bemerkte mir gegenüber einmal: »Ach, lass gut sein, Vika. Ich habe zu vielen Menschen gesagt:

›Schreib genauer.‹ Aber aus keinem von ihnen ist ein Schriftsteller geworden. Ich habe mit deinem Erfolg rein gar nichts zu tun.«

Ich sehe das anders. Wegen Wolodja hatte ich meine erste Veröffentlichung mit sechsundzwanzig Jahren. Ich habe nicht einen einzigen Tag verloren.

Und das alles geschah am Ende des »Tauwetters«. Schon im Herbst zuvor wurde Chruschtschow entmachtet, und er hat noch Glück gehabt, dass man ihn nicht umgebracht hat, sondern nur seiner Ämter enthob.

Breschnjew kam an die Macht, und es begann die lange Stagnationszeit. Viele talentierte Schriftsteller konnten nicht durch das dichte Gitter der Stagnationszeit hindurchschlüpfen. Die schöpferische Energie entfleuchte wie Rauch durch den Kamin. Und genauso dahin ging auch das Leben. Sie betranken sich, wechselten die Ehefrauen, emigrierten. All das hat Dowlatow wunderbar beschrieben.

Der Ruhm ereilte Dowlatow erst nach seinem Tod. Besser spät als nie. Aber noch besser ist es, wenn er rechtzeitig kommt.

Meine Erzählung wurde zur Kenntnis genommen. Die Kritiker überlegten lange, welchem Genre sie sie zuordnen sollten. Für eine Kurzgeschichte war sie zu lang. Für eine ernsthafte Erzählung war sie zu lustig. Was war sie also?

Der Philosoph Jewgenij Bogat fand einen Begriff dafür: »ironische Intonation«. So ging ich in den literarischen Prozess also als Vertreterin der ironischen Intonation ein.

Wenn ich mich an diese Zeit zurückerinnere, fällt mir ein, wie mich Wolodja Woinowitsch zum ersten Mal nach Hause brachte. Er setzte mich in seinen kleinen verrosteten Saporoshetz und fragte: »Freust du dich, dass du Woinowitsch kennengelernt hast?«

Ich erinnere mich nicht mehr an meine Antwort. Ich war immerhin verheiratet und vergaß das nie.

Woinowitsch war natürlich ein genialer Schriftsteller, aber er war ungepflegt. Man spürte, dass die Armut ihn das ganze Leben lang begleitet hatte und er an sie gewöhnt war. Er hatte andere Prioritäten. In ihm reiften die Gedanken, und das, was er anhatte, oder was für ein Auto er fuhr, hatte für ihn keine Bedeutung.

Das war sein Erbe. Seine Eltern waren genauso. In seinem Roman *Autobiographie* erzählt Wolodja, wie seine Eltern einen Wohnungstausch vornahmen. Sie tauschten eine wunderschöne, helle Wohnung in einer sonnigen Stadt für etwas vollkommen Gegensätzliches, sie zogen in Dunkelheit und Finsternis ein. Sie waren ganz und gar unpraktische Leute. Ihren Sohn Wolodja, einen begabten jungen

Kerl, schickten sie zum Studium auf die Polytechnische Schule. Wolodja wurde Zimmermann. Man hätte das verstehen können, wenn die Eltern ungebildete Leute gewesen wären. Aber das war ja nicht der Fall. Der Vater war Journalist und die Mutter Mathematiklehrerin. Sie gehörten zur Intelligenzija.

Wolodja war genauso. Als er in der Emigration angelangt war, wurden seine Bücher in Millionenauflagen verkauft. Es häuften sich große Geldsummen auf seinem Konto an. Aber wo blieben die? Sie rannen ihm durch die Finger wie Wasser.

Wolodjas unpraktische Art hatte etwas Reines, Kindliches, Rührendes. Vor allem in unserer heutigen Zeit, im wilden Kapitalismus, wo Geld zur nationalen Idee erhoben wurde.

Nach dem Abschluss an der Polytechnischen Schule arbeitete Wolodja auf einer Baustelle. Und er heiratete Walja Boltuschkina. Er war Zimmermann, sie war Malerin. Sie bekamen zwei Kinder.

Die Armut umschlich sie wie ein hungriger Hund. Wenn Wolodja morgens seine Hosen anzog, trug er sie vorher ans Licht, um nachzusehen, ob sie nicht schon so abgetragen waren, dass sie Löcher hatten. Durch die Löcher würden seine hellblauen langen Unterhosen durchscheinen, und das wäre dann doch peinlich.

Schon damals zog es Wolodja zur Prosa hin, und so besuchte er den Literaturzirkel des Clubs der Eisenbahner. Dort lernte er den jungen Bulat Okudshawa kennen.

Eines Tages ging er mit seinem jungen Freund die Gorkistraße entlang, und es begegnete ihnen ein Mann. Er arbeitete als Redakteur beim Radio. Der Redakteur kam näher und wandte sich an Wolodjas Freund. Er sagte besorgt: »Hör mal, ich brauche in der Redaktion einen jungen Kerl, einen ohne Ambitionen, der für ein kleines Gehalt alles Mögliche schreibt. Kennst du nicht zufällig so einen?«

»Da, bitte schön«, sagte der Freund und zeigte auf den danebenstehenden Woinowitsch. »Er ist jung, ohne Ambitionen, und er könnte alles Mögliche schreiben, wenn es sein muss, sogar ganz ohne Lohn.«

Offensichtlich war der Redakteur in einer Notlage, und so war er einverstanden. Er heuerte Woinowitsch an, ohne zu wissen, wen er da bekam. Wolodja wusste damals selbst noch nicht, wer er war. Es war so, als hätte der Redakteur den goldenen Helm von Alexander dem Großen gefunden und benutzte ihn, um die Hände darin zu waschen.

In diesen Tagen flog Gagarin in den Kosmos. Man rief in der Radioabteilung an und schrie: »Wir brauchen sofort ein Lied über einen Kosmonauten! Oskar Feltzman hat schon die Musik geschrieben, jetzt brauchen wir noch den Text. Aber sofort!«

Die stellvertretende Abteilungsleiterin, eine erfahrene Redakteurin, rief rundweg bei den altehrwürdigen Dichtern an: Man brauche die Verse unbedingt, und zwar maximal in zwei Tagen.

Die altehrwürdigen Dichter waren beleidigt: Wie, zwei Tage …? Waren sie denn Pfuscher oder was? Man musste doch erst einmal darüber nachdenken, dann etwas entwerfen …

Die Lage wurde kritisch.

Da setzte sich Wolodja an einen Schreibtisch und schrieb in einer halben Stunde Folgendes:

In die kosmischen Karten der Planeten vertieft,
ein letztes Mal die Flugroute prüft
der Pilot. Los, Leute, lasst uns noch eine
rauchen,
noch vierzehn Minuten und die Rakete wird
schmauchen …

Später musste das Wort »rauchen« durch »singen« ersetzt werden, da eine Kampagne gegen das Rauchen lanciert wurde. Aber »lasst uns noch eine rauchen« passte zweifellos besser als »lasst uns zusammen singen«. Welche Sonderlinge hätten denn vor dem Start angefangen zu singen, noch dazu vor einem so riskanten Flug ins All?

Die stellvertretende Redakteurin las es, rief schnell Feltzman an und sagte: »Wir haben wunderbare Verse bekommen, die hat ein junges Talent geschrieben, die neueste Hoffnung unserer Lyrik.«

Feltzman hätte einen unbekannten Autor ablehnen können, aber es war zu spät, um launisch zu sein. Gagarin war schon im All, ja sogar schon auf dem Rückflug. Also war Oskar Borissowitsch einverstanden.

Das Lied wurde zur Hymne der Astronauten. Man will es immerzu singen. Es ist einem nie verleidet und es wird nie alt.

Sogar der dickbäuchige Chruschtschow zitierte Worte des Liedes von der hohen Tribüne herab. Woinowitschs Stern war aufgegangen und begann zu leuchten.

Eines Tages kam er stark betrunken nach Hause zurück. Sein Zimmer lag am Ende eines Korridors in einer Kommunalwohnung. Er zog in Gedanken eine Gerade, von seinen Augen bis zur Zimmertür, konzentrierte sich und schritt auf dieser Linie entlang. Er erreichte die Tür, trat ein und krachte, ohne sich vorher auszuziehen, auf das Sofa. Dort schlief er sofort ein. Und als er erwachte, erblickte er auf dem Tisch ein idyllisches Bild: Da stand ein Tellerchen, darauf ein gesäuberter und sorgsam in Stücke geschnittener Hering, der mit Schnittlauch bestreut war. Daneben ein Telegramm, das an ein Glas gelehnt war.

Wolodja streckte die Hand aus und nahm das Telegramm. Er las: »Ich gratuliere und wünsche Ihnen viel Erfolg auf den staubigen Pfaden der Literatur. Alexander Twardowskij.«

Wolodja mit seinem Brummschädel dachte, dass Twardowskij gekommen war, ihm den Hering gesäubert und mit Schnittlauch bestreut hatte und wieder weggegangen war.

Er schlief mit einem Lächeln auf dem Gesicht wieder ein. Schließlich kam der große Twardowskij nicht zu jedem nach Hause und putzte ihm auch noch einen Hering.

Später stellte sich heraus, dass in seiner Abwesenheit seine Schwester Faina da gewesen war. Sie hatte das Telegramm aus dem Briefkasten gezogen, dann den Hering zubereitet und ihn neben das Telegramm gestellt.

Den großen, echten Erfolg brachte Wladimir Woinowitsch die Veröffentlichung der zwei Erzählungen *Ich will mal ehrlich sein* und *Einen halben Kilometer entfernt* in der Literaturzeitschrift *Novy mir*.

Damals hatte er schon begonnen, *Die denkwür-*

digen Abenteuer des Soldaten Tschonkin zu schreiben. Er wusste, dass das sein Hauptwerk werden würde.

Alles fügte sich glücklich. Die Nachfrage, sein Erfolg, seine Liebe. Zu der Zeit heiratete er Ira, das Mädchen seiner Träume. Ihretwegen opferte er Walja Boltuschkina. Das war nicht einfach für ihn, aber …

Mit Ira zusammen emigrierte er. Es war eine schwere Zeit. Die Emigration ist eine große Prüfung. Aber er hatte sie ja auch nicht selbst gewählt. Man hatte ihn aus dem Land gejagt.

Woinowitsch hatte einen sozialen Charakter. Er konnte nicht gleichgültig dem gegenüber sein, was in der Gesellschaft passierte. Ungerechtigkeit ertrug er nicht. Und er ertrug es nicht, wenn man ihn manipulierte, Druck auf ihn ausübte.

Man kann sagen, er war ein aufrechter Charakter. Aber nein, er war mehr. Er brauchte die Gerechtigkeit, sie war eine Notwendigkeit für ihn.

Maxim Gorkis Held Danko hat sich die Brust aufgerissen, das Herz herausgenommen und als Fackel vor sich gehalten. Hatte der etwa Lust, sich die Brust aufzureißen? Aber er musste doch den Weg für die nach ihm Gehenden ausleuchten. Dieselbe Position vertrat Woinowitsch. Und alles endete damit, dass man ihn aus dem Land gejagt hat.

Es hätte freilich noch schlimmer kommen können. Man hätte ihm auch in einem Hauseingang eins über den Schädel geben können, so hatte man damals viele aus dem Weg geräumt. Die Regierung benahm sich wie die Gangster.

Woinowitsch wusste nie, was am nächsten Tag geschehen würde, aber er ergab sich dem Druck nicht, bestand auf seiner Meinung. Er opferte sein Leben für die Wahrheit. Er war und bleibt ein Verteidiger der Wahrheit.

Wladimir Woinowitsch verkörperte eines der sittlichen Ideale, die unser Leben erhellten. Mit ihm in eine Reihe stelle ich Lichatschow, Rostopowitsch und Sacharow. Solche Menschen durchdringen die Finsternis und geben den Weg vor, sie sind wie ein kleines Feuer im nächtlichen Wald. Und schon wird klar, in welche Richtung man gehen muss.

Ira, Wolodjas Frau, war Hochschullehrerin. Eines Tages schenkten Schüler ihr ein Bild. Sie brachte es nach Hause und hing es an die Wand. Wolodja betrachtete es, betrachtete es lange … Ihm gefiel der Hintergrund des Bildes nicht. Er kaufte Farbe und Pinsel und veränderte ihn. Er machte ihn dunkler, oder – so genau weiß ich das nicht mehr – im Gegenteil, heller. Das Bild wurde dadurch viel besser.

Und damit fing es an. In Wolodja erwachte der Künstler. Er begann zu malen.

Seine Bilder ähneln seiner Prosa. Er schmeichelt niemals denen, die er abbildet.

Ilja Glasunow schmeichelt seinen Abgebildeten ganz offen. Auf seinen Porträts haben die Menschen riesige Augen, wie Außerirdische. Natürlich ist man mit solchen Augen schöner. Glasunow ist ein wunderbarer Künstler, ein hochprofessioneller. Ich will nicht sagen, dass er schlechter malte als Woinowitsch. Aber Woinowitsch war ehrlich bis zum Schluss. Keinerlei Konformismus. Darin lag sein Wesen.

Die Perestroika gab Wolodja die Staatsbürgerschaft zurück. Und Gorbatschow gab ihm eine Wohnung.

Woinowitsch hatte da schon die deutsche Staatsbürgerschaft, aber nichtsdestoweniger machte er seine Emigration rückgängig und kehrte nach Moskau zurück. Im Literaturhaus wurden Lesungen mit ihm veranstaltet. Ich erinnere mich an die völlig überfüllten Säle. Die Menschen saßen sogar auf den Treppen, es hätte bloß noch gefehlt, dass sie an den Kronleuchtern gehangen hätten.

Das Volk liebte Woinowitschs Schaffen und seine staatsbürgerliche Heldentat. Er hatte sich selbst riskiert, um unser aller willen.

Woinowitsch stand auf der Bühne und lächelte so, dass man seine großen Zähne sah.

Er war nicht mehr ungepflegt. Er trug ein deutsches Tweedjackett und neue Hosen. Aber besonderen Schick habe ich an ihm auch damals nicht bemerkt. Er sah mittelmäßig aus, völliger statistischer Durchschnitt. Aber all das hatte keinerlei Bedeutung. Der Saal applaudierte ihm und liebte ihn. Und auch ich stand im Saal und klatschte und war begeistert. In der ersten Reihe saßen seine Frau Ira, die unauffällig, aber teuer gekleidet war, und ihre gemeinsame Tochter, das nette Mädchen Olja, die Wolodja unglaublich ähnlich sah.

Das war eine gute Zeit, buchstäblich eine Sternstunde.

Aber das Schicksal mag es nicht, wenn es lange Zeit gut läuft. Ira wurde schwer krank.

Sie kämpfte lange gegen die Krankheit, aber eines Tages sagte sie: »Ich bin müde. Ich kann nicht mehr. Ich werde sterben.«

Es waren kummervolle Minuten.

Ira lag da und stürzte sich ins Vergessen. Einmal kam sie wieder zu sich und sagte: »Ich war *dort*.«

»Und wie ist es *dort*?«, beeilte sich Wolodja zu fragen.

»Das kann man unmöglich erzählen ...«

Das größte Geheimnis wurde nicht enthüllt. Offensichtlich galt *dort* eine andere Zeit und ein anderer Raum, und in unserer Sprache gibt es keine Worte dafür, um dieses »Andere« zu beschreiben.

Ihre Leben drifteten auseinander. Aber an ihren letzten Tagen liebte er sie genauso zärtlich und selbstvergessen wie zu Beginn.

Und dann war Ira nicht mehr.

Wolodja lebte in zwei Ländern, denn seine geliebte Tochter Olja war in Deutschland geblieben.

Immer öfter war er aber in Moskau. Hier waren seine Sprache, seine Seele, seine Jugend, seine Freunde.

München ist natürlich eine gute Stadt: sauber, schön, mit guten Geschäften und guter medizinischer Versorgung. Aber ... gut ist es nicht dort, wo es gut ist, sondern dort, wo du gebraucht wirst, wo man ohne dich nicht auskommen kann.

Es stellte sich heraus, dass »Heimat« nicht nur ein leeres Wort war. In der Heimat herrschte ein völlig anderer Blutkreislauf.

Das Schicksal versuchend, heiratete Wolodja ein drittes Mal. Swetlana.

Wir wohnen zusammen in einer Straße mit dem Namen Östliche Allee.

Ich sehe ihn oft. Er verändert sich nicht, wird

kein älterer Wladimir Nikolajewitsch. Er ist immer noch der Wolodja, der kämpft und sich abmüht. Er schreibt neue Bücher, malt neue Bilder, reibt sich auf für die Gerechtigkeit. Zu ihm kommen Ströme von Leuten, die ihn um Rat und Hilfe bitten. Das Fernsehen braucht sein Gedächtnis, seine Beurteilungen. Man reißt sich um ihn.

Enkel hat er keine. Diese Rolle hat die Hündin Njuscha übernommen. Wolodja kann nicht ohne sie leben. Njuscha ihrerseits wendet nie die verliebten Augen von ihm ab. Ich fragte ihn einmal: »Wolodja, wen liebst du mehr? Deinen Hund oder deine Frau?«

»Das ist eine provokante Frage«, antwortete Wolodja. »Ich wusste, dass du sie mir einmal stellen wirst.«

Er liebt sie beide auf seine Weise: Njuscha mit nicht-menschlicher Liebe, und Swetlana mit menschlicher.

Seine dritte Frau ist die Enkelin des großen Erdölproduzenten und Mäzens – heute würde man Oligarch sagen – Lianosow. Sie hat von ihrem Großvater das Talent geerbt, den Verstand und das Praktische. Ihren tadellosen Geschmack hat sie selbst hinzugefügt.

Sie hätte neben sich nie einen »Igel aus dem Bau« geduldet, und eine mittelmäßige Version hätte ihr auch nicht gepasst. Swetlana hat Wolodja richtig durchgestylt, und so verwandelte er sich plötzlich wie der kleine Iwanuschka aus dem Märchen *Das bucklige Pferdchen,* der sich in drei verschiedenen Kesseln gebadet hatte. Er wurde plötzlich stilvoll, vornehm, elegant. Er sah wie ein ergrauter Senator aus.

Was waren das für drei Kessel, in denen er gebadet hatte?

Erstens: die Emigration. Die Verluste. Ira war gestorben und Walja Boltuschkina starb ebenfalls. Sie gingen von dannen und nahmen einen Teil seiner Seele mit.

Zweitens: die Liebe, an der er sich festhielt wie Antares an der Erde.

Drittens: sein Schaffen.

Auch heute noch, da er die achtzig überschritten hat, schreibt er wunderbare Bücher, seine Stücke werden gerühmt, seine Bilder ausgestellt und gut verkauft. Die göttliche Batterie ist noch immer aufgeladen und verleiht ihm noch immer schöpferische Energie.

Es war ein schöner Winter.

Ich verließ das Haus der Woinowitschs. Wolodja begleitete mich. Er trat auf die Türschwelle.

Ich wandte mich um. Da stand Wolodja, grauhaarig, aber jugendlich und bedeutend. Aber der »Igel aus dem Bau« von damals, das große Kind, wohnt immer noch in ihm wie eine Matrioschka-Figur in der anderen. Und das große Kind löst sich nicht in der Zeit auf. Warum? Weil das sein Wesen ist. Die fruchtbare Schicht, auf der sein ganzes Schaffen gedeiht.

Es war ein schöner, stiller Winter. Schnee lag auf den Bäumen. Woinowitsch hat es durch die ganze Welt gewirbelt, und schließlich war er ganz still ins Paradies eingelassen worden, in die Östliche Allee. Vielleicht war das die Kompensation für sein Leben voller vielfältiger Schwierigkeiten. Warum auch nicht? Man sagt, dass es keine Gerechtigkeit gibt … Aber es gibt sie. Vor allem für die, die sie ihr ganzes Leben lang suchen.

Wladimir Woinowitsch hat mich in die Literatur geschubst. Und Georgij Danelija hat mir die Tür zum Film geöffnet und ist Hand in Hand mit mir hindurchgegangen. Mit ihm zusammen habe ich die Drehbücher zu sechs Filmen geschrieben, von denen zwei zu echten Schlagern wurden. Das waren *Mimino* und *Gentlemen des Erfolgs*. Diese Filme sind nie alt geworden. Sie werden auch heute noch angeschaut, nach vierzig Jahren.

Heute, auf der Höhe des Alters, verstehe ich,

dass meine Hauptbestimmung in der Literatur lag. Aber damals studierte ich an der Moskauer Filmhochschule. Wir träumten alle davon, groß rauszukommen, im allgemeinen Filmschaffensprozess mitmischen zu dürfen. Und auch ich träumte davon, Autorin eines realisierten, eines abgedrehten Drehbuchs zu sein. Es kam mir so vor, als läge dort der wahre Ruhm.

Als Studentin fuhr ich nicht selten in die Studios von Mosfilm, der Moskauer Filmproduktionsgesellschaft. Ich legte Skizzen zu Drehbüchern vor, aber der Redakteur Gribanow lehnte immer alles höflich ab. Er war ein galanter, guterzogener Mann. Als ich dagegen einmal an eine Frau geriet, lehnte sie die Drehbuchskizzen flegelhaft ab. Ich fragte zum Beispiel: »Warum passt es nicht? Sind es zu wenig Seiten?«

»Seiten sind es genug. Hirn ist es zu wenig«, kam die Antwort.

Ich erinnere mich sogar noch an den Familiennamen dieser »feinfühligen« Frau, aber ich will ihn hier nicht nennen.

Doch dann kam in der Zeitschrift *Molodaja gwardija* meine Erzählung *Ein Tag ohne Lügen* heraus. Eine Woche später rief mich der Redakteur Gribanow an und bat mich, zu Mosfilm zu kommen. Dritter Stock, Büro Nummer vierundzwanzig.

Ich malte mir den ganzen Tag lang Lidstriche aufs Oberlid, wischte sie weg, malte neue, wie man es von der Büste der Nofretete kennt. Das war damals Mode. Und ich kam natürlich zu spät. Gribanow war schon ganz nervös. Als ich endlich hereinkam, freute er sich, ohne es zu verbergen.

»Haben Sie Ihren Ausweis dabei?«, fragte er.

Meinen Ausweis hatte ich verloren, aber ich beschloss, es nicht zuzugeben. Ich hatte Angst, mir damit zu schaden.

»Den habe ich zu Hause vergessen«, sagte ich.

»Und wissen Sie sie auswendig?«

»Was?«

»Die Daten Ihres Ausweises?«

»Ja, weiß ich.«

»Dann geht es auch ohne Ausweis.«

Ich verstand nicht, worum es ging, und fragte: »Und wozu brauchen Sie meine Daten?«

»Wir werden mit Ihnen einen Vertrag abschließen.«

Später erfuhr ich, dass Gribanow die Order erhalten hatte, mich ja nicht ohne Vertrag gehen zu lassen, sonst könnten andere Studios mir ein Lockangebot machen oder mich ihm vor der Nase wegschnappen. Deshalb preschte Gribanow so vor. Er zog sofort ein leeres Vertragsformular hervor. Das sollte ich ausfüllen.

Da kam der Direktor der sechsten Abteilung, Daniljanz, herein, ein älterer Armenier mit einem lebenserfahrenen, klugen Gesicht.

Er sagte ein paar allgemeine Phrasen, in der Art von: »Wir sind sehr erfreut, wir hoffen …« Dann blickte er gedankenverloren aus dem Fenster. In diesem Moment stellte er sich in seinem schlauen armenischen Hirn vor, für wie viel man mich wohl über den Tisch ziehen könnte. Ich war Studentin, hatte keine Ahnung von den Drehbuchpreisen, wieso mich also nicht über den Tisch ziehen? Er nannte eine Summe: Sie lag unterhalb der niedrigsten Grenze dessen, was man für ein Drehbuch zahlte, er hatte das Honorar um ein Drittel tiefer angesetzt.

Ich erstarrte. Die Summe kam mir astronomisch hoch vor. Völlig phantastisch. Der Wert eines Pobeda-Wagens.

Ich unterschrieb den Vertrag. Und fuhr auf unsere Datscha. Dort wartete meine Familie auf mich: mein Mann und meine kleine Tochter.

Ich zeigte meinem Mann den Vertrag. Er runzelte die Stirn. Viertausend Rubel – das war zweimal sein Jahreslohn. Er musste sich zwei Jahre lang abmühen und dürfte dabei nicht einmal etwas trinken oder etwas Anständiges essen.

Wenn Geld ins Haus kommt, ist das wie eine

Beute, die erlegt wurde. Aber diese Beute muss der Mann erlegen und nicht die Frau. Wenn die Frau das große Geld verdient, stört das irgendwie das Gleichgewicht der Paarbeziehung. Der Mann hört auf, der Herr im Haus zu sein, und hat nichts mehr zu bestimmen. Er kann natürlich schon noch bestimmen, aber man wird nicht mehr auf ihn hören. Die Hauptperson ist die, die das Geld in der Hand hält. Und wer das Geld in der Hand hält, wird irgendwann unverschämt und nimmt sich zu viel heraus. Ich habe das in anderen Familien beobachtet.

Wir hatten unser gemeinsames Leben gerade erst begonnen. Wir schliefen beieinander, sogen die Wärme des anderen förmlich in uns auf, wir liebten unsere kleine Tochter mehr als alles auf der Welt. Ich wollte nie unverschämt werden. Das Wichtigste war doch, dass überhaupt genug Geld da war, wer es in die Familie gebracht hatte, war doch völlig egal.

Mein Mann war klug, attraktiv und aus einer guten Familie. Ich sah ihn gern an und hörte ihm auch gern zu. Und doch begann seine Position zu schwanken.

Im Westen ist ein Ingenieur ein gutsituierter Mann. Aber bei uns war ein Ingenieur weniger als ein Bettler. So weit war das Land in jener Zeit abgerutscht.

Mein Mann betrachtete den Vertrag und legte ihn auf das Fensterbrett.

»Ich will mir die Haare waschen. Bitte gieß mir Wasser über den Kopf …«, bat ich ihn.

Er wärmte das Wasser in einem Eimer an und goss es anschließend mit der Schöpfkelle über meine Haare.

Ich stand über das Becken gebeugt, bis zum Gürtel nackt. Mich überkam Schüttelfrost. Mein Rücken zitterte leicht, wie bei einem Hund.

»Ist dir kalt?«, fragte mein Mann.

»Nein.«

»Aber warum zitterst du dann?«

»Ich weiß nicht.«

Es war der Schock des Glücks. Ich hatte es geschafft, in den Filmproduktionsprozess einzusteigen. Ich würde einen eigenen Film machen. Jetzt stand ich mit Simonow auf derselben Treppe. Nicht auf derselben Stufe natürlich, aber trotzdem: Er war Schriftsteller, und ich war ebenfalls Schriftstellerin.

Eine große Freude ist auch ein Stress; nur mit positivem Vorzeichen. Und der Organismus reagiert genau gleich. Offensichtlich wird dann ebenfalls Adrenalin ausgeschüttet.

Es schüttelte mich. Ein neues Leben begann. Und es sollte mit sauberen Haaren beginnen.

Ich wickelte ein Handtuch um meinen Kopf.

Mein Mann und ich gingen nach draußen, wir setzten uns auf die Holztreppe am Eingang. Wir saßen schweigend da, genossen den Frieden ringsum. Und doch war mein Mann traurig.

Ich betrat ein neues Leben, als wäre ich auf einem anderen Planeten gelandet. Dort war es interessant, dort gab es Talente, dort herrschte ein anderer Grad von Freiheit. Dort würde man mich ihm wegnehmen, und er würde ohne mich zurückbleiben. Ich dagegen fürchtete gar nichts. Ich hatte mich, wie Buratino, durch die Tür gezwängt und war in die Werkstatt von Papa Carlo geschlüpft. Und meine Faust umschloss den goldenen Schlüssel.

Man stellte mir einen Regisseur zur Seite. Es war Andrej Ladynin, der die Moskauer Filmhochschule gerade abgeschlossen hatte, der Sohn des Regisseurs Iwan Pyrjew und der Schauspielerin Marina Ladynina.

Die heutige Generation erinnert sich vielleicht nicht mehr an diese Namen. Iwan Pyrjew war der Herr aller Filmer, ein Liebling der Macht, der Oberschürzenjäger in der Herde der Filmschaffenden. Marina Ladynina, seine Frau, war eine Schönheit, ein Star der dreißiger Jahre. Aber … »Es kamen andere Zeiten, es kamen andere Namen«, wie es so heißt. Man rächte sich an Pyrjew für seinen früheren Erfolg und für seine frühere Macht. In unserem Land war es immer so: Wer alles war, wurde ein Nichts.

Ladynina bekam keine Rollen mehr. Und Pyrjew nahm sich eine neue Frau.

Andrej Ladynin bewegte sich auf staksigen Beinen, er ging versonnen umher, er hatte etwas Überirdisches an sich und kaute ständig auf einem Streichholz herum. Seine Finger waren bräunlich von den Zündholzköpfen. Wenn er sich setzte, schlug er die Beine übereinander. Ich nannte das »die Beine zum Zopf flechten«. Man ärgerte ihn mit dem Spitznamen »Schatten der vergessenen Ahnen«.

Andrej war ein sehr lieber, zärtlicher Mensch, aber die ganze Gabe des Regieführens war in seinen Vater Iwan Pyrjew geflossen. Für Andrej war nicht ein Tropfen übrig geblieben.

Ich weiß nicht, worin seine wahre Berufung lag. Vielleicht war er ein geborener Biologe, oder Pilot, oder Arzt. Alles, bloß kein Regisseur. Das Regieführen interessierte ihn überhaupt nicht, er wusste gar nicht, von welcher Seite er ein Drehbuch angehen sollte.

Und ich wusste es auch nicht. Es war ja mein erster Versuch.

Wir saßen einander gegenüber und quälten uns ab.

Iwan Pyrjew ahnte, dass Andrej sich nicht für den Beruf des Regisseurs eignete.

Eines Tages rief er mich zu sich in sein Büro bei Mosfilm und fragte: »Was hältst du von meinem Sohn?«

Beinahe wäre ich mit dem herausgeplatzt, was ich wirklich dachte, aber ich konnte mich gerade noch zurückhalten. Ich hatte es ja immerhin mit dem Vater zu tun.

»Er ist ein sehr interessanter Mensch«, ließ ich mich vernehmen. Und das war keine Übertreibung. Andrej war wirklich ein interessanter Mensch, in allem, außer dem, was den Film betraf.

Da beugte sich Iwan Alexandrowitsch zu mir vor und begann sich zu beklagen, über sein Leben, über Andrejs Frau, die gesagt hatte: »Wenn der Alte endlich krepiert ...«

Ich schaute Pyrjew mit großen Augen an. Von weitem war er mir so allmächtig wie Stalin vorgekommen. Aber jetzt saß ein beleidigter älterer Mann vor mir, ein ganz gewöhnlicher Mensch. Und er trank Tee, den er mit dem Löffel umrührte. Man sollte sich seinen Idolen lieber nicht nähern. Er hatte eine ungewöhnliche Schädelform: Der Hinterkopf war nach hinten gezogen, wie bei einem

Außerirdischen. Andrej hatte dieselbe Kopfform. Das Talent hatte sich nicht weitervererbt, nur die Kopfform.

Pyrjew liebte Andrej, und er beschloss, seinen entstehenden Film mit großen Meistern zu untermauern, als Stützpfeiler sozusagen. Es wurden die Besten des Komödienfachs eingeladen: Rjazanow wurde der künstlerische Leiter, und Danelija wurde Co-Drehbuchautor.

Die Stützpfeiler forderten ein Drehbuch an und die Garantie, dass der Film gezeigt würde.

Die Redakteurin Nina Skujbina zeigte Danelija das Drehbuch. Er war einverstanden. Und er lud zu ersten Gesprächen ein.

Nina und ich fuhren zu ihm zu den Tschistye Prudi, wo er wohnte. Seine Mutter, Meri Ilinitschna Andshaparidse, öffnete uns die Tür. Sie nannte sich abgekürzt Meritschka.

Ich erinnerte mich, dass wir uns durch die Zeitschrift *Die Zündschnur* schon einmal kennengelernt hatten. Meritschka war Regisseurin, sie arbeitete bei Mosfilm. Ich war aus irgendeinem Grunde dorthin gefahren, wahrscheinlich hatte ich einen Artikel vorbeigebracht. Michalkow hatte mit solch freudigem Interesse das Gespräch mit mir geführt, dass sich diese Freude ringsum ausgebreitet hatte.

Alle lächelten, so auch Meritschka. Ich war ihr also mit einem positiven Vorzeichen in Erinnerung. Wenn sich Michalkow über mich gefreut hatte, dann konnte ich keine Null sein.

Wir setzten uns in Georgij Danelijas Arbeitszimmer. »Arbeitszimmer« ist übertrieben. Es war ein Kämmerchen von acht Quadratmetern, wenn nicht sogar weniger. Es war so groß wie ein Eisenbahnabteil.

Ljuba Sokolowa – Danelijas Ehefrau – brachte uns Kaffee mit Sahne. Meritschka und Ljuba waren ausgesprochen freundlich, sie drückten mit ihrem ganzen Auftreten ihre Hochachtung aus.

Ich denke heute, dass diese Liebenswürdigkeit wohl eher Nina galt. Sie war die Witwe des begabten Regisseurs Wladimir Skujbin, der an einer weit fortgeschrittenen Multiplen Sklerose gestorben war. Obwohl er schon im Sterben gelegen hatte, wollte er die Filmaufnahmen nicht im Stich lassen und drehte seinen letzten Film zu Ende, während er schon auf einer Bahre lag. Es war eine wahre Heldentat gewesen.

Wir saßen also in dem winzigen Arbeitszimmer, jeder sagte irgendetwas. Da stand Nina plötzlich auf und ging in den Flur. Sie nahm den Mantel vom Haken. Ich lief ihr hinterher.

»Wohin gehst du denn?«, fragte ich.

»Ich gehe weg.«

»Warum?«

»Er erdrückt mich.«

Offensichtlich war Georgij ziemlich durchset-
zungsfähig, autoritär, ertrug keine Widerrede, wollte keine anderen Meinungen gelten lassen.

Ich allerdings hatte nichts dergleichen gespürt
und konnte alles Mögliche ertragen.

Nina war nicht bereit, fremden Druck zu ertragen. Und mit jemandem streiten wollte sie auch
nicht. So war sie einfach aufgestanden und gegangen. Aber sie war Direktorin. Sie hatte haufenweise
Drehbücher auf dem Schreibtisch liegen. Und ich
war Autorin. Der Unterschied war in etwa so wie
der zwischen einem eigenen und einem fremden
Kind auf dem Spielplatz. Ihm wünscht man auch
Gutes, aber eben nicht so wie seinem eigenen.

Nina ging weg. Ich blieb.

Damals hatte man Danelija gerade seinen Film
Hadschi Murat weggeschlossen. Man hatte verbo-
ten, ihn fertigzudrehen, weil die gleichnamige No-
velle von Lew Tolstoj dem Goskino, dem staatlichen Filmbüro, antirussisch vorkam. Tolstoj hatte
voller Abscheu beschrieben, wie sich die russischen Soldaten auf tschetschenischem Boden auf-
geführt haben, indem sie beispielsweise Quellen
vergifteten. Die Tschetschenen wurden von Tolstoj

mit weit größerer Hochachtung beschrieben als die Russen.

Das Drehbuch zu *Hadschi Murat* war schon fertig, die Schauspieler ausgesucht. Aber man hatte das Projekt einkassiert. Das war, wie wenn man jemandem die Tür vor der Nase zuknallt. Danelija war tief beleidigt, ja verstört, und hatte sich meines Drehbuchs als Co-Autor nur deshalb angenommen, um beschäftigt zu sein. Er konnte nicht untätig herumsitzen. In der Regel kannte er nur zwei Zustände: Entweder er arbeitete, oder er betrank sich. Und das immer abwechselnd. Beides war ein Rauschzustand.

Wir begannen mit meinem Drehbuch. Ich war achtundzwanzig, Danelija war sechsunddreißig, und seine Ehefrau war siebenundvierzig.

Ich kam um zehn Uhr morgens zu ihm. Wir setzten uns einander gegenüber. Wir saßen fast Nasenspitze an Nasenspitze. Und dann legten wir los.

Nach der Zusammenarbeit mit Andrej Ladynin kam es mir jetzt so vor, als flöge ich aus einem dunklen Sarg auf eine blühende Wiese hinaus, wo die Sonne schien. Alle Vorschläge, die von Danelija kamen, versetzten mich in echtes Entzücken, ich kicherte wie ein Kind im Zirkus. Das ganze Haus war von meinem Lachen erfüllt.

Wenn mir etwas nicht gefiel, lachte ich nicht und runzelte düster die Stirn. Danelija wurde dann böse, aber er änderte die Richtung seiner Phantasie, und schließlich fanden wir die nötige Lösung.

Eines Tages sagte ich zu ihm: »Dein Anteil an dem Drehbuch ist größer als meiner.«

Er antwortete: »Wenn du mit mir in einem Raum bist, werde ich zum Genie.«

Das war gut möglich. Durch meine Reaktion fand er den richtigen Weg, wie ein Schiff durch einen Leuchtturm.

Um ein Uhr mittags sah Ljuba herein und sagte: »Kommt, lasst uns zu Mittag essen …«

Wir gingen in die Küche, sie war groß und hell, hatte halbrunde Fenster und einen ovalen Eichentisch.

Wir setzten uns.

Ljuba nahm einen goldbraunen Truthahn aus dem Backofen. Sie fragte mich: »Möchtest du dunkles Fleisch oder helles?«

»Dunkles«, antwortete ich, denn ich dachte, dass das die bescheidenere Wahl gewesen wäre. Aber es stellte sich heraus: Das dunkle Fleisch war vom Schlegel, es war der köstlichste Teil.

In der damaligen Zeit lebten alle arm, und ich natürlich auch. Ein goldbraun gebratener Truthahn kam mir deshalb wie die allergrößte Delikatesse vor.

Ich riss die Augen vor Erstaunen auf und fragte: »Esst ihr immer so gut?«

Ich war ehrlich entzückt von der dreißig Quadratmeter großen Küche, den halbrunden Fenstern, dem Essen, von Meritschka und von Georgijs Talent. Mir gefiel ihre Wohnung, die vollgestellt mit Büchern war, und mir gefiel der piepsige, großäugige Kolka, der Sohn von Georgij und Ljuba. Mir gefiel einfach alles. Ich klatschte buchstäblich ihrem Leben Beifall.

Jetzt, im Rückblick, sehe ich, dass die Wohnung dunkel war, alle Fenster auf die Schattenseite hinausgingen, die Möbel alt und Georgij ein Alkoholiker.

Alkoholismus findet man selten bei Georgiern. Sie trinken gern, aber sie betrinken sich nicht. Doch ein großes Talent bringt oft Schwierigkeiten mit sich. Ein großes Talent – das ist eine Abweichung von der Norm, und eine Abweichung zieht die andere nach sich. Danelija sagte einmal über sich: »Was die Quantität des Getrunkenen betrifft, erfülle ich die Norm einer europäischen Kleinstadt.« Es war ein Lachen durch Tränen hindurch. Denn das war die Tragödie seiner Familie. Meri weinte im Basston: »Ich will nicht mehr leben und warten, bis er sich zu Tode gesoffen hat …«

Die Saufperioden waren wirklich kein Feiertag. Aber in meinen Augen wurde Georgij dadurch nicht schlechter. Sein Talent überwog alle Mängel. Ich sah sie einfach nicht.

Wir dachten uns zusammen etwas aus, wir vereinten unsere Phantasien und unsere Seelen, und ich konnte mir gar keinen anderen, besseren Zeitvertreib vorstellen. Es waren die schönsten Jahre meines Lebens.

Wir beendeten das Drehbuch nach der Erzählung *Ein Tag ohne Lügen* und trugen es zu Mosfilm.

Es war März. Die Sonne schien. Ich ging nicht, sondern schwebte über die Erde. Ich stieß mich nicht von der Erde ab, sondern von der Luft. Es war wie im Traum. Wenn ich mich ein bisschen angespannt hätte und stärker abgestoßen, dann wäre ich geflogen. So ein Seelenzustand war das. Und Georgij ging neben mir, im hellen Mantel, mit geradem Rücken, wie ein Offizier der weißen Garde.

Ich war verliebt und sah ihn mit glänzenden Augen an. Danelija war rauh und unnahbar. Er hatte sich auch verliebt, aber er bremste es mit allen vier Pfoten ab, wie ein Hund, den man zum Einschläfern bringen will.

Nach dem ersten Drehbuch schrieben wir zusammen *Die Gentlemen des Erfolgs.* Dieses Drehbuch war für Alexander Sjerij, einen Freund Georgijs, bestimmt.

Wir schrieben es leicht und fröhlich, mit schlenkernden Armen. Der Film wurde sehr komisch, er wird heute noch gern gesehen. In ihm steckt irgendeine Magie, wahrscheinlich ganz einfach unsere Jugend und das Vorgefühl der Liebe. Die Liebe reifte in unseren Seelen, ohne hervorzuquellen. Denn wir waren beide gebunden, und jeder hatte ein Kind. Aber es gibt Kräfte, gegen die kann man nicht ankommen. Ein Erdbeben beispielsweise, oder ein Tsunami.

Ich konnte einfach nichts gegen mein Gefühl tun, aber Danelija war auch selbst schuld. Wie konnte man bloß so begabt und wundervoll sein?

Einmal hat mir ein junger Taxifahrer erzählt, dass sein Vater zu Hause im Dorf wegen einer Kuh gestorben war.

»Hat sie ihn auf die Hörner genommen?«, fragte ich.

»Nein.«

»Mit dem Huf getreten?«

»Nein. Wir haben sie zu Geld gemacht und eine Kiste Wodka gekauft. Mein Vater hat die ganze Kiste getrunken und ist gestorben.«

»Aber da ist die Kuh doch nicht schuld dran, oder?«

»Wieso denn nicht?«, fragte der Taxifahrer erstaunt. »Wenn die Kuh nicht gewesen wäre, hätten wir kein Geld gehabt. Und ohne Geld hätten wir keinen Wodka gehabt. Natürlich ist die Kuh dran schuld.«

So war es auch bei mir. An meinen Gefühlen gab ich Danelija die Schuld. Das ging doch nicht an, dass man so viel besser war als andere. Und einen mit solchen Augen ansah, die schöner waren als alles auf der Welt. Und dann auch noch so gut zur Gitarre singen, mit leicht rauher Stimme, und die Akkorde so genau greifen, dass sie einem mitten ins Herz drangen.

Unsere Beziehung wurde für unsere Familien gefährlich. Meri begann, mich zu hassen, sie wollte, dass ihr geliebter Enkel in einer heilen Familie aufwuchs und beide Eltern um sich hatte, den Vater und die Mutter. Meri stand kraftvoll wie ein Fels da, und sie war ewig wie das Universum.

Heute verstehe ich sie. Was ist Liebe? Ein chemischer Prozess im Hirn. Und ein Kind ist lebendig und warm, hat Arme und Beine und ein engelsgleiches Gesichtchen. Ein Kind ist deine Unsterblichkeit. Wie konnte man das eine gegen das andere tauschen? Und nicht nur das. Mit ihrem liebenden

Herzen verstand Meri, dass ihr kranker Sohn keine Geliebte brauchte, sondern eine Reserve-Mutter, und die war Ljuba. Ljuba fürchtete die Saufperioden übrigens nicht. Die Saufperioden waren ihre Verbündeten. Der betrunkene Georgij verlor seine Manövrierfähigkeit und lag im Haus fest, wie ein Schiff auf Trockendock. Und das war die Hauptsache.

Mein Mann schwieg, als hätte er nichts bemerkt. Dieses Thema zu behandeln wäre gewesen, wie den Ring aus einer Granate zu ziehen. Sie wäre in der Hand explodiert. Unsere Ehe wäre in Stücke gerissen worden. Aber so, im Schweigen, konnte man weiterexistieren und sogar Schönheit im Frieden und in der Stabilität finden, und in unserer glücklichen kleinen Tochter. Denn auch sie brauchte ja Papa und Mama, und zwar nicht nur als Besucher, nicht nur ambulant, sondern stationär.

Die Liebe steht nicht still. Sie entwickelt sich, wie eine Frucht im Mutterleib. Und es kommt der Moment, wo das Kind geboren werden muss. Wenn das nicht der Fall ist, stirbt es.

Genau dasselbe geschah mit unserer Liebe.

Wir schrieben noch ein paar Drehbücher: *Mimino, Der völlig Verlorene, Der Hut …*

Als Drehbuchautorin erlebte ich meine Blüte,

aber als Frau saß ich wie ein Hund am Zaun. Unsere Liebe begann zu kränkeln. Wir begannen, uns zu streiten.

Ich bereue, dass ich unsere Streitereien nicht aufgeschrieben habe. Das waren sehr scharfsinnige und leidenschaftliche Dialoge. Ich muss sagen, ich liebe es, meine Zustände aufzuschreiben. Eines Tages schrieb ich ihm eine Liebeserklärung, es war ein Aufblitzen der Seele. Ich habe zwei Exemplare geschrieben. Eines für ihn, eines für mich selbst. Sie sollte mir als Erinnerung bleiben. Ich würde wohl kaum je wieder etwas Ähnliches fühlen.

Und außerdem wusste ich intuitiv, dass wir es sowieso nicht miteinander aushalten würden. Ich spürte es einfach. Ohne Erklärungen, ohne Gründe.

Ich glaube, die Sache war die, dass ich einen starken Schutzengel hatte. Mein Engel wusste genau, wo es mir besserging.

Mein armer Engel, wenn ich mir vorstelle, wie er geschnauft und geschwitzt haben muss bei dem Versuch, mich von Danelija wegzuzerren.

Und eines schönen Tages war alles gerissen, wie die Saite einer Gitarre, mit einem durchdringenden, sehnsuchtsvollen Ton.

Die Epoche, die Danelija hieß, war aus und vorbei.

Ich wollte mich umbringen, aber es gelang mir nicht. Meine Tochter kam ins Zimmer und fragte: »Kannst du Kasatschok tanzen?«

»Kann ich«, sagte ich.

»Dann zeig es mir.«

Ich musste aufstehen und es ihr vormachen. Ich sprang zurück, die Füße der Reihe nach aufstellend, zuerst den rechten, dann den linken.

Während ich sprang, verflüchtigte sich der Wunsch zu sterben. Der Zeitpunkt war vorüber. Und überhaupt: Was für einen Schrecken hätte ich ins Leben meiner Nächsten gebracht, von mir selbst ganz zu schweigen.

Und Meritschka hätte gesagt: »Die ist verrückt. Das habe ich ja immer gewusst.« Und alle würden denken: Genau, krank im Kopf; nur Verrückte können freiwillig aus dem Leben gehen.

»Es kommt vor: Du liebst und liebst einen Menschen, und dann, zack, mit einem Schlag, liebst du ihn nicht mehr. Und es tut dir nur leid um deine Gefühle, die du spazieren geschickt hast und die zu dir mit eingeschlagenen Zähnen und blauen Flecken im Gesicht zurückkehren.«

Das ist ein Zitat von Tatjana Tolstaja. Besser kann man es nicht sagen.

Meine Liebe war unter Trümmern hervorgekrochen, mit eingeschlagenen Zähnen und blauen Flecken im Gesicht. Und das nach allem, was zwischen uns gewesen war.

Es gibt ein Gebot: »Du sollst dir keinen Götzen erschaffen.« Ich hatte dieses Gebot vorher nie verstanden. »Du sollst nicht töten« – das ist klar. Mord ist nicht gut. »Du sollst nicht stehlen« – das ist auch klar. Aber was soll schlecht daran sein, sich einen Götzen zu erschaffen? Es stellte sich heraus, dass es eine Sünde war, die einem teuer zu stehen kam.

Ich hatte mir einen Götzen aus einem einfachen Menschen geschaffen. Und nun bezahlte ich dafür.

Wozu schreibe ich das alles? Gibt es denn nicht alles Mögliche auf der Welt?

Ich zähle die Menschen auf, die an meinem Werdegang beteiligt waren.

Die Rolle von Danelija war eine grundlegende. Wir haben zusammen ein paar gute Filme geschrieben. Aber das ist für mich nicht wichtig. Die hat es geben können oder auch nicht geben können. Etwas anderes ist wichtig: Er hat mir mein Thema geschenkt. Die Kritiker haben dieses Thema benannt: die Suche nach dem Ideal.

Danelija hat mein Leben mit Liebe und Leid erfüllt, zu gleichen Teilen. Ich habe diesen Kelch bis zur Neige getrunken. Und dann schrieb ich über zwanzig Bände – mehr als Tschechow. Alle Bücher handeln von ein und demselben Thema, in verschiedenen Varianten: Es geht immer um Liebe und Leid, um das Paradies und die Hölle.

Gut beschreiben kann man nur das, was man am eigenen Leibe erlebt hat, was einem durchs eigene Herz gegangen ist.

Meine Bücher werden gelesen, weil jede Frau, mit ein paar wenigen Ausnahmen, Ähnliches durchlitten hat.

Vor kurzem habe ich Danelija gefragt: »Wenn du nicht gewesen wärst, über was hätte ich dann geschrieben? Wovon hätte ich gelebt?«

Er antwortete: »Also schuldest du mir was.«

Es war ein Scherz, aber es war tatsächlich so. Ich schuldete ihm meinen Erfolg und mein Wohlergehen. Und die blauen Flecken auf der Seele, die verschwanden mit der Zeit. Oder auch nicht.

Vor einiger Zeit las ich den Briefwechsel von Sergej Dowlatow mit seinem Freund, dem Schriftsteller E.

Der Freund warf Dowlatow das ein oder andere vor, und wahrscheinlich hatte er recht. E. war ein Mensch von hoher Sittlichkeit, und der Alkoholiker Dowlatow hatte einen verschwommenen Begriff von Moral. Aber …

Nach dem Tod Dowlatows sind seine Bücher geblieben, die einem die Seele umstülpen. Aber was blieb nach dem Tod von E.? Nur, dass er Dowlatow gekannt hat.

Die Schaffenshöhepunkte von Danelija waren *Sei nicht traurig* und *Der Herbstmarathon*. Auch sie stülpen einem die Seele um und bleiben bestehen, sie bleiben und werden nicht alt, ja leuchten immer noch.

Jetzt ist er siebenundachtzig. So hat also Meritschka ganz umsonst mit ihrer Bassstimme geheult. Er lebt noch, trinkt nicht mehr – er war auf Entzug –, und er arbeitet. Er hat einen Zeichentrickfilm gemacht, für den er einen asiatischen Oscar bekommen hat. Von so etwas hatte ich noch nicht einmal gehört. Und er schrieb ein Buch, das ein Bestseller geworden ist.

Unlängst rief er mich an und fragte: »Hast du Kopien von deinen Briefen?«

Er dachte an jenen Brief, den ich ihm auf dem Gipfel der Liebe geschrieben hatte.

»Und wozu brauchst du die Kopie von dem Brief?«, fragte ich verwundert.

»Er steckte in meinem besten Anzug, in der Innentasche. Ich will, dass man mich zusammen mit diesem Brief beerdigt.«

»Ja und?«, fragte ich verständnislos.

»Der Brief ist weg. Ich verstehe nicht, wo er hingekommen ist.«

»Deine Frau wird ihn gefunden und zerrissen haben«, erriet ich.

»Wie kommst du denn da drauf, meinst du, sie durchschnüffelt fremde Taschen?«, sagte Danelija beleidigt.

»Dann hat der Brief eben Flügel bekommen und ist davongeflogen.«

»Aber hast du nicht eine Kopie behalten?«

Danelija kannte mich gut. Gelungene Briefe sah ich wie Manuskript-Originale an.

»Ich suche mal«, versprach ich.

»Aber schieb es nicht auf die lange Bank«, bat er.

Diese Geschichte habe ich schon einmal in einer meiner Erzählungen beschrieben. Ich wiederhole mich, aber was kann ich tun? Wie es war, so war es …

Der Brief lag vielleicht in meinem Archiv.

Mein Archiv war im zweiten Stock. Die Treppe war steil. Ich hätte ausrutschen können …

Ich blieb kurz neben der Treppe stehen, dann ging ich weg. Das, was gewesen war, ist vorbei. Oder auch nicht …

Im neunzehnten Jahrhundert existierte ein Buchstabe, der »Cher« genannt wurde. Er wurde wie ein großes X geschrieben. »Aus-cheren« bedeutete, etwas mit einem Kreuz ausstreichen.

Die Perestroika hat unser gewohntes Leben »ausge-chert«.

Die Perestroika hat den Filmmarkt zerstört.

Die Perestroika hat die Nation zerstört. Die Russen wurden mit einem Mal praktisch wie die Amerikaner. Und wo ist die große uneigennützige russische Seele geblieben?

Nichts als Ruinen sind übrig. Aber ... der nächste Mann schwamm auf mich zu, der mir die Hand zur Hilfe entgegenstreckte. Es war Michail Sergejewitsch Gorbatschow.

Gorbatschow kam an die Macht und brachte die Perestroika.

Das ganze Land saß vor dem Fernsehapparat. Es war plötzlich spannender fernzusehen, als zu leben. Aber auch zu leben wurde spannend. Die »Massen« verwandelten sich in ein »Volk«. Der Westen atmete erleichtert auf. Sie hatten die Russen gefürchtet. Es war unklar, was man von Breschnjew und seiner Korona zu erwarten hatte, diesen tiefsinnigen düsteren alten Männern. Sie hätten sehr gut um den Verstand kommen und die Atombombe zünden können. Aber Michail Sergejewitsch mit seiner Frau Raissa Maximowna machten einen angenehmen und wohltuenden Eindruck: in der Blüte ihrer Jahre, lächelnd, adäquat.

Es entstand ein Interesse an unserer Kultur, besonders an der Literatur.

Man lud mich nach Frankfurt zur Buchmesse ein. Man lud auch die beiden Schriftsteller Tschingis Aitmatow und Fasil Iskander ein. Ich war geschmeichelt. Die beiden waren lebende Klassiker. Und ich … Wie man so sagt: Wohin das Pferd mit dem Huf tritt, dahin packt der Krebs mit seinen Zangen.

Nichtsdestoweniger war ich auf die Frankfurter Buchmesse gekommen und erblickte an einem Stand drei meiner Bücher, jedes einzelne so dick wie ein Backstein, in deutscher Übersetzung. Die Bücher hatten wunderschöne Einbände: rosafarben, gelb und rot. Die Schutzumschläge waren grell und glänzend wie Eisbonbons. Man hätte direkt dran lecken mögen. Diese Bücher hatte ein Verlag aus der DDR herausgebracht, den Namen habe ich vergessen.

Ich konnte mich an den Umschlägen kaum sattsehen, und dann fragte ich einen Deutschen, der am Stand arbeitete:

»*Où est mon argent?*«

Ich fragte auf Französisch, weil ich keine andere Fremdsprache konnte.

»Ich habe nichts verstanden«, sagte der Deutsche auf Russisch. Er war Ostdeutscher, Russisch hatten sie dort in der Schule gelernt.

»Wo ist mein Geld?«, übersetzte ich meine Frage.

Er schwieg einen Augenblick, und dann sagte er: »Sie haben natürlich Geld verdient, aber wir haben alles Ihrer Agentur für Autorenrechte, der WAAP, bezahlt. Wir haben einen Vertrag mit denen.«

»Und ich? Geht das alles an mir vorbei?«

»Die WAAP muss Ihnen Prozente zahlen. Oder besser gesagt, sich selbst Prozente behalten.«

»Was für Prozente?«, wollte ich genau wissen.

»Bei uns im Westen nimmt ein Agent fünfzehn bis zwanzig Prozent.«

»Das heißt, der Autor bekommt achtzig Prozent?«

»Im Westen, ja. Aber bei Ihnen weiß ich nicht.«

Ich erinnerte mich plötzlich, dass ich irgendwann einmal eine lächerliche Summe in Form eines Schecks bekommen hatte, für den ich mir in einem Berijoska-Laden Sandalen gekauft hatte. Und ein paar Gillette-Rasierklingen für meinen Mann. Das war alles gewesen. Wohin war das übrige Geld geflossen?

Ich kehrte nach Moskau zurück und rief bei der WAAP an, der Allsowjetischen Agentur für Autorenrechte. Ich fragte auf gut Russisch: »Wo ist mein Geld?«

»Einen Moment«, sagte die junge Sekretärin. Sie verband mich offensichtlich weiter.

»Ja!«, sagte ein Mann mit generalsartiger Gereiztheit.

»Ich war auf der Frankfurter Buchmesse und habe dort meine Bücher gesehen«, verkündete ich.

»Ja und?«, fragte der Mann.

»Wo ist mein Geld?«, fragte ich ganz naiv.

»Was ist das denn für eine Frage!«, ereiferte sich der Mann böse.

»Onkelchen, ich habe vor dir keine Angst«, entgegnete ich ironisch.

Der Mann schwieg einen Moment. Er war offensichtlich gewohnt, dass man vor ihm Angst hatte. Aber hier hatte jemand keine Angst. Das war merkwürdig.

»Was wollen Sie?«, fragte er, nun schon weicher.

»Schicken Sie mir die Abrechnung. Ich möchte meine Einkünfte überprüfen.«

Der Mann schwieg.

»Haben Sie mich verstanden?«, hakte ich nach.

Der gute Mann beschloss, sich nicht mit mir anzulegen. Wer konnte schon wissen, wer ich war und woher ich kam …

Das lag an der Perestroika. Die Chefs waren nicht mehr gefährlich und unantastbar. Unter jedem einzelnen wackelte der Sessel.

Nach einer Woche erhielt ich die Abrechnung.

Ich studierte die Zahlen und begriff: Achtzig Prozent hatte die WAAP behalten, und zwanzig Prozent bekam ich.

Ich rief den Schriftsteller Sergej Kaledin an. Seine Erzählung *Stiller Friedhof* ging um die Welt.

»Das ist doch Diebstahl«, sagte ich zu Sergej.

»Was hast du denn gedacht? Die wollen doch auch Valuta.«

»Wer sind denn ›die‹?«

»Na die Chefs. Die schicken ihre Kinder auf Safaris.«

»Wozu?«

»Zum Jagen.«

»Wieso müssen die Kinder der Chefs von meinem Geld jagen gehen? Ich habe selbst Kinder.«

»Und was willst du?«

»Gerechtigkeit.«

»In diesem Land hat es noch nie Gerechtigkeit gegeben.«

»Und wolltest du deshalb in einem anderen Land leben?«, fragte ich.

»Nein. Ich würde viel lieber zu Hause Ordnung schaffen. Verstehst du?«

Was war daran unverständlich? Ich kann auch nirgendwo anders leben als in meinem eigenen Land. In der Emigration würde ich für immer Gast bleiben. Und wie das Sprichwort so schön sagt:

»Ein Gast ist wie ein Fisch, ab dem dritten Tag stinkt er.«

Ich rief noch einmal bei der WAAP an.

Ein anderer Mann, diesmal ein etwas gebildeterer, nahm den Hörer ab.

Ich fragte: »Wieso nehmen Sie so viele Prozente?«

»Es gilt die Steuerprogression«, erklärte der Beamte. »Je mehr der Schriftsteller veröffentlicht wird, desto mehr Prozente ziehen wir ihm ab.«

Die am meisten verlegten Schriftsteller waren die Brüder Strugatzkij. Das hieß also, wenn sie mir achtzig Prozent abzogen, dann würden sie den Brüdern Strugatzkij hundertein Prozent abziehen. Dann müssten die der WAAP also noch was draufzahlen, wenn man ihre Rechte verkaufte.

Alles klar. Ich legte auf.

Sergej Kaledin und noch ein paar andere Schriftsteller schrieben der WAAP je einen Brief, in dem sie auf deren Vermittlungsdienste verzichteten.

»Sie bekommen Ihr Geld wohl dafür, dass Sie aus dem Fenster schauen«, schrieb Tatjana Tolstaja, die unerbittlich war und im Kampf regelrecht aufblühte.

Ich bin ein konfliktscheuer Mensch. Und feige. »Und feige war Wanja, der Arme«, wie es so schön bei Puschkin heißt. Aber für anderer Leute Kinder arbeiten, das wollte ich auch nicht.

So machte ich mich einfach still und heimlich davon und begann, meine Verträge direkt abzuschließen.

In Moskau wurde eine Buchmesse veranstaltet. Alle großen ausländischen Verlage reisten an.

Irgendein Mischa aus der Auslandsabteilung des Schriftstellerverbandes rief mich zu Hause an und sagte: »Der Schweizer Verlag Diogenes sucht dich. Darf ich deine Telefonnummer weitergeben?«

»Natürlich«, erlaubte ich es ihm.

Weiter geschahen Dinge, die nie zufällig sind. Denn Zufälle sind die Vorsehungen des Herrn.

In diesen Tagen war gerade die Slawistin Angelika Schneider bei mir, die aus Deutschland zu Besuch gekommen war.

Die Vertreterinnen des Diogenes Verlages riefen an. Ich gab den Hörer an Angelika weiter, und sie machte geschickt mit ihnen ein Treffen aus und diktierte ihnen meine Privatadresse.

Die Vertreterinnen des Diogenes Verlags, drei junge Frauen, kamen zur angegebenen Zeit.

Ich war wie geblendet. Was für Gesichter … Was für Kleidung … Nicht aufgedonnert, auf keinen Fall, alles war sehr bescheiden, zurückhaltend, aber teuer. Der bescheidene Luxus der Bourgeoisie.

Die Gesichter waren von Natur aus schön, denn

der Besitzer des Verlages war ein Mann, und er wollte schöne Gesichter um sich haben und keine schiefen Visagen. Außerdem fiel mir ihre Gesichtsfarbe auf: Die Haut war rein, wie mit frischem Quellwasser gewaschen. Aber das lag nicht am Wasser, sondern am Essen. Sie ernährten sich richtig: frische Lebensmittel und viele Vitamine. Von diesen jungen Frauen wehte einem ein anderes Leben entgegen.

Ich begleitete die Gäste in meine Küche. Dort stand mein beschädigtes Telefon. Am Vorabend war es mir runtergefallen und in mehrere Stücke zerschellt, aber es funktionierte immer noch.

Ich bewirtete die Gäste erst mal mit einem Mittagessen. Die Schweizerinnen waren natürlich hungrig und aßen mit Begeisterung.

Angelika dolmetschte meisterhaft, denn ich konnte ja kein Wort Deutsch. Ich verstand bald, worum es ging: Der Besitzer des Verlages, Daniel Keel, hatte meine Erzählung *Der alte Hund* gelesen, die in einem DDR-Verlag erschienen war, das war noch lange vor der Perestroika. Daniel fühlte zur damaligen Zeit etwas Ähnliches wie der Held meiner Erzählung. Er war ganz vernarrt in diese Erzählung und beschloss, die Autorin für seinen Verlag zu gewinnen. Aber … die Rechte lagen bei der WAAP, und er konnte dort nichts erreichen. Als er seine Vertreterinnen auf die Moskauer Buchmesse schickte, beauftragte er sie auch, die Autorin Tokarjewa zu finden und sie in den Zürcher Verlag zu locken, koste es, was es wolle. Und so saßen sie nun bei mir: Corry, Susanna und Marianne.

Kurze Zeit später wandten sich schon Agenten aus Amerika und England an mich. Es wurden langwierige Vorgespräche geführt. Aber hier war alles effektiv, konkret, in gemütlicher Atmosphäre zu Hause, direkt in der Küche … Corry holte ein Blatt Papier hervor, schraubte die Kappe ihres schicken Federhalters ab und entwarf einen Vorvertrag, der dem Diogenes die erste Option an meinen Werken zusicherte. Angelika übersetzte alles. Laut diesem Vertrag sollte ich nur mit dem Diogenes Verlag zusammenarbeiten.

Und so ging es weiter: Die Schönheiten kehrten nach Zürich zurück, riefen später Angelika in Deutschland an und sagten zu ihr, wenn sie mit mir einen Vertrag abschließen würden, brauchten sie auch eine Slawistin im Verlag.

Mich brauchte man nicht lange zu überreden. Sie legten mir einen äußerst großzügigen Weltrechtevertrag vor, den Angelika vorher für mich ausgehandelt hatte. Ich wäre auch für die Hälfte dabei gewesen. Und sogar für ein Drittel.

Angelikas Leben wendete sich ebenfalls zum Besseren. Vorher hatte sie in einer deutschen Kleinstadt gelebt, hatte sich mühsam von Job zu Job gehangelt. Und nun war sie im Zentrum der deutschsprachigen Schweiz, ein wohlhabendes, schönes Land, die Arbeit entsprach endlich ihren Fähigkeiten, und das noch dazu in einem der größten deutschsprachigen Verlage. Herz, was begehrst du mehr.

Angelika zog nach Zürich. Und mich lud man zur Vertragsunterzeichnung ein. Ein Flugzeugticket der Business-Class. Das Hotel Europe hatte fünf Sterne, wenn nicht zehn. Jeden Tag wurden im Hotelzimmer die Blumen ausgetauscht, es waren cremefarbene Rosen, so perfekt, dass ich zuerst dachte, sie seien künstlich, aber nein, sie waren echt.

Daniel Keel kam, um mich im Verlag kennenzulernen. Er trug ein teures, elegantes Jackett und Jeans, ein Seidentuch um den Hals. Er hatte ein kluges Gesicht und war aufgeregt. Er bekam eine Autorin, die er sich schon lange wünschte, so wie ein Philatelist eine rare Briefmarke bekam.

Abends gingen wir in einen Striptease-Club: Ich, Angelika, Daniel und sein Cheflektor Winfried.

Ich sah mir die nackten Damen interessiert an.

Sie sahen dörflich aus, grob. Es waren ganz gewöhnliche Prostituierte. Manche waren mager wie ein Kaninchen, eine hatte einen dicken Hintern. Es war offensichtlich, dass sie nie in ihrem Leben je ein Buch gelesen hatten. Ihre Priorität lag beim Geld, egal wie viel, sogar die kleinsten Summen waren willkommen. Mir scheint, dass eine Frau ohne geistige Interessen gar nicht schön sein kann.

Daniel forderte mich zum Tanz auf.

Ich tanzte, versuchte mich leichtfüßig und möglichst schön zu bewegen. Ich war um die fünfzig Jahre alt.

Fünfzig ist ein gutes Alter, aber das versteht man erst mit sechzig. Das ist ein Zitat von Tokarjewa senior, meiner Mutter.

Vom heutigen Standpunkt aus gesehen, sah ich damals jung aus, aber ich hatte trotzdem Komplexe. Ich wäre gern zwanzig Jahre jünger gewesen, oder besser, dreißig. Bücher schreiben kann man auch mit fünfzig, aber tanzen kann man besser mit zwanzig.

Daniel war ein gottgegebener Verleger. Er kannte die gesamte Weltliteratur auswendig. Er hatte selbst einmal zu schreiben versucht, aber es war ihm nicht gelungen, und seit der Zeit vergötterte er alle, denen es gelang. Daniel war zehn Jahre älter als ich, ein guter Altersunterschied. Aber das Interessanteste an ihm war sein verlegerisches Talent, seine fanatische Ergebenheit seiner Arbeit gegenüber. Er war ein seltenes Exemplar eines Verlegers.

Angelika und ich waren oft bei Daniel zu Hause zu Besuch.

Angelika mochte diese Besuche nicht sonderlich, weil sie, nach einem normalen Arbeitstag, abends auch noch pausenlos dolmetschen musste. Die Arme kam noch nicht einmal zum Essen. Aber ich, ganz begeistert vom Gespräch, konnte mich nicht in ihre Lage hineinversetzen.

Daniel hatte ein wunderbares zweistöckiges Haus in der Eleonorenstraße. In Zürich sind viele Straßen nach den Vornamen von Frauen benannt – keine besonderen Frauen, Hauptsache, es ist ein wohlklingender Name. Im Unterschied zu Moskau, wo die Straßen Proletarierstraße oder Wojkowstraße hießen. Und wer war dieser Wojkow denn? Darüber kursierten die verschiedensten Gerüchte …

Der wichtigste Mensch in Daniels Leben war seine Frau Anna, eine zarte Blondine mit sehr großen Augen. Anna war Malerin, eine gutherzige und lustige Frau. Ich hatte noch nie solche Menschen gesehen, die in sich alles gleichzeitig vereinten: Talent, Schönheit, Güte und Humor.

Anna schickte mir Blumen ins Hotel, und der Page schleppte dann diese Riesengestecke an, die man schon nicht mehr Blumenstrauß nennen konnte. Es waren tropische Sträucher, wie ich sie noch nie gesehen hatte, fast schon Bäume.

Ein schickes Hotelzimmer, exotische Blumen … Ich hatte noch nie so gelebt.

Eines Tages beschlossen Anna und Daniel, mir die Schönheit der Schweizer Landschaft zu zeigen. Wir fuhren mit einer Seilbahn. Unsere Kabine schwankte im Wind. Das war aufregend. Aber das Wetter schlug um. Bis wir oben waren, zog Nebel auf, vom Berg Rigi war nichts mehr zu sehen.

Daniel und Anna trugen beide einen Kaschmirmantel. Anna hatte ein Tuch um den Kopf gebunden. Daniel trug einen breitkrempigen Filzhut.

Wir unterhielten uns hingebungsvoll, wenn auch diesmal ohne Angelika, die an diesem Tag krank im Bett lag. Viel Mimik, die Gesten, mein schlechtes Französisch – aber irgendwie konnten wir uns verständigen.

Ich erinnere mich an diesen Tag mehr als an all die anderen. Wir waren ganz aufrichtig, kamen uns nah, fast wie eine Familie.

Daniel und Anna liebten einander, aber ihre Liebe war eigenartig. Es war eine explosive Beziehung, wie bei Zehntklässlern. Manchmal konnten sie mitten in einer Tischrunde einen Streit vom Zaun brechen, so laut, dass sich die Decke bog. Am Anfang erschrak ich, aber dann sah ich, dass die anderen Gäste dasaßen, als wenn nichts passiert wäre. Sie waren schon daran gewöhnt und beachteten es gar nicht mehr.

Eines Tages entzündete sich der Streit um den Mond. Daniel sagte: Draußen ist es hell durch das Mondlicht. Und Anna entgegnete: Der Mond hat gar nichts damit zu tun, der weiße Schnee ist die Quelle des Lichts, ganz von allein.

Nun, wo lag da der Unterschied, war das nicht ganz egal? Aber für sie war es ein Unterschied, ja sogar ein prinzipieller. Sie hätten sich fast geprügelt.

Obwohl dieses Paar bereits erwachsene Kinder hatte, war ihre Liebe jung, klar und stürmisch, wie ein Wasserfall. Das sagte mir auch Anna Keel selbst. Ich erinnere mich, dass sie das Wort »Niagara« gebrauchte. »Alles geht vorbei«, heißt es bei König Salomon. Aber wenn ich mir die Beziehung zwischen Anna und Daniel anschaute, war mir klar, dass wahre Liebe niemals vorbeigeht.

Annas Grundeigenschaften waren Schönheit und Güte. Augen, die das halbe Gesicht ausfüllten, und der Wunsch, alles zu geben, zu helfen, zu teilen. Solche Menschen sind eine große Seltenheit.

Dazu war sie begabt. Ihre Bilder hängen bei mir zu Hause. Und ich betrachte sie lange, versuche, ihre Komplexe zu ergründen. In wahren Bildern und Büchern zeigen sich immer die Komplexe ihres Schöpfers. In Annas Bildern zeigt sich ihre rebellische Seele. Die Verbindung von Schönheit, Güte und Talent ist selten. Sie hält die Leute fest, lässt sie nicht mehr los. Deshalb hat Dani diese Frau sein Leben lang geliebt.

Was Dani angeht – er war begabt in dem, was er tat. Ihn interessierte das Leben. Er war immer beschäftigt. Ich persönlich schätze solche Männer. Sie sind wie ein ewig laufender Motor, wie das Herz, das beständig arbeitet und das Leben in Gang hält.

Viele Jahre sind vergangen, seit wir uns gesehen haben. Für mich sind die beiden nicht gestorben. Wir sehen uns einfach nicht. Und wenn es möglich wäre, erneut nach Zürich zu fliegen und diese einzigartigen Menschen zu treffen, ich spränge auf und täte es sofort. Ich habe Sehnsucht nach ihnen, sie fehlen mir. Dani und Anna sind wie Sterne am Firmament meines Lebens, und ich bin dem Schicksal dankbar dafür, dass mir diese Begegnung geschenkt wurde.

Daniel schätzte meine literarischen Fähigkeiten. Ich erinnere mich, dass er einmal sagte, ich sei eine interessantere Schriftstellerin als George Sand, weil George Sand sehr viel Zeit an die Liebe und die Männer verschwendet habe, während ich das künstlerische Schaffen an die erste Stelle setze und trotzdem eine Frau geblieben sei. Und das stimmt. Man muss sagen, dass George Sand in Liebesdingen nicht sehr glücklich war, wie ich auch. Nicht jedem gelingt es, seine andere Hälfte zu finden. Doch mich erstaunte, dass Daniel mich mit einer Autorin verglich, die vor über hundert Jahren gelebt hatte. Das heisst, dass für Daniel Schriftsteller nicht in der Zeit verteilt waren, sondern sie lagen alle gleichsam auf seiner Handfläche und er überblickte das Bild der Literatur in ihrer Gesamtheit. Er liebte, fühlte die Literatur – das ist eine ganz eigene, seltene Begabung, und Dani war unter den Verlegern, was Mozart unter den Musikern war. Und ich bin sehr froh, dass sein Verlag auch heute auf dem gleichen Niveau weiterbesteht.

Welche Rolle hat Daniel in meinem Leben gespielt? Er hat die Rechte an meinem Gesamtwerk erworben und mir ein anständiges Honorar gezahlt. Damals, in den neunziger Jahren, kam mir das wie eine astronomische Summe vor.

Ich kaufte mir Grund und Boden in einer Elitesiedlung und baute ein Landhaus. Ein Haus auf dem Land, das war die Verwirklichung meines Traumes.

Das Geld dazu hat Diogenes mir gegeben. Und Diogenes hatte dank der Perestroika zu mir durchdringen können. Und die Perestroika hatte Michail Gorbatschow eingeleitet.

Wenn Gorbatschow nicht gewesen wäre, dann hätte ich wieder nur zwanzig Prozent vom Honorar abbekommen und hätte mir in einem Berijoska-Laden bloß weiße Hausschuhe dafür kaufen können.

Wie sollte ich also Gorbatschow nicht lieben? Obwohl er natürlich nicht ganz meinem Geschmack entsprach: Er macht zu viele Worte. Bei ihm gab es immer fünfzig Prozent überflüssigen Text. Ich saß manchmal vor dem Fernsehapparat und hörte seiner Rede zu. Ich runzelte die Stirn, um zu verstehen, wovon er sprach. Wozu so viele Worte? Aber er redete einfach gern. Er war ein schwatzsüchtiger Mensch. Jetzt, wo Michail Sergejewitsch nicht mehr das erste Gesicht des Staates ist, macht er nicht mehr so viele Worte. In diesem Sinne hat ihm der Verlust des Status genutzt. Eines Tages habe ich in einer Sendung sogar gehört, wie er sang. Und er sang sehr gut.

Der Patriarch der Orthodoxen Kirche veranstaltete einmal einen Empfang. Er versammelte manchmal die schöpferische Intelligenzija um sich.

Bei einem dieser Empfänge sah ich Michail Gorbatschow wieder. Unsere Augen trafen sich.

»Guten Tag, Viktorija«, grüßte Gorbatschow.

Ich war erstaunt: Na so was, der erinnerte sich noch an mich. Las der etwa literarische Bücher, trotz seiner vielen Tätigkeiten?

Das war die Zeit, in der Gorbatschow seine Frau, Raissa Maximowna, verloren hatte. Im Fernsehen war zu sehen gewesen, wie er bitterlich weinte, und alle gewannen ihn lieb und Raissa Maximowna ebenfalls. Sie war ein Opfer des Kampfes um die Macht geworden. Und Opfer liebt man mehr als die Sieger.

Michail Sergejewitsch sah mich an. Ich musste etwas sagen. Es kam mir so vor, als wartete er auf etwas.

»Sie sind jetzt ledig«, sagte ich leichthin. »Wir werden Sie schon wieder verheiraten …«

Ich sprach diese Worte aus und erschrak über mich selbst. Da hatte ein Mensch eine Tragödie erlebt, das war nicht die Zeit für derartige Scherze.

Ich erwartete, dass Michail Sergejewitsch meine Bemerkung ignorieren würde. Dass er so tun würde, als ob er sie nicht gehört hätte, und mich so an meinen Platz verweisen würde. Aber er weitete plötzlich interessiert die Augen und fragte: »Und mit wem?«

Woher sollte ich wissen, mit wem? Neben mir stand die Schönheit Larissa Udowitschenko.

»Mit ihr«, sagte ich und zeigte auf Larissa.

»Na so was …«, sagte Michail Sergejewitsch ungläubig. So eine würde sich nicht mit ihm verheiraten, und auch er würde sich nicht an so eine heranmachen.

Ich lächelte und ging weg.

Gorbatschow war nicht länger Präsident. Aber er blieb trotzdem reich und berühmt. Und er behielt einen guten Ruf, ganz im Gegensatz zu dem Schluckspecht Jelzin.

Wir gingen in den Saal hinein. Es war ein Konzert angesagt worden.

Mein Platz war genau vor Michail Sergejewitsch. Er saß in der siebten Reihe und ich in der sechsten.

Das Konzert begann. Sein Blick bohrte sich in meinen Hinterkopf. Er wollte das Gespräch offensichtlich fortsetzen, aber ich wusste nicht, wie ich das anstellen sollte, und bereute, überhaupt damit angefangen zu haben.

Es begann die Zeit meiner Reisen. Ich war neun Mal in Deutschland, elf Mal in der Schweiz, fünf

Mal in Paris. Das waren alles Dienstreisen. Europa interessierte sich mit einem Mal für unsere russische Kultur.

Ich kaufte mir einige Outfits, kleidete mich von Kopf bis Fuß neu ein, und zwar nicht in Klamotten von unseren Schwarzhändlerinnen, sondern diesmal mit Markenkleidern aus teuren westlichen Geschäften.

Du lieber Himmel, was war das für ein Vergnügen, sich nach dem eigenen Geschmack anziehen zu können.

Und wer hat mich gut angezogen? Natürlich Michail Sergejewitsch Gorbatschow. In jeder beliebigen Tischrunde erhebe ich das erste Glas auf ihn. »Gebe Ihnen Gott Gesundheit, Michail Sergejewitsch, und ein langes Leben.«

Ich baute das Haus und zog ein. Es sah aus wie das Häuschen der russischen Comicfigur Naf-Naf, war aber solide, aus Backstein, und hatte zwei Stockwerke. Die Fenster hatten weiße Simse, ganz wie in Zürich. Ich hängte Kisten mit Geranien auf. Wie wunderschön!

Im Hof habe ich meinen »Tiergarten«: einen Hund, einen Kater, ein Eichhörnchen und eine Krähe. Der Hund und der Kater gehören mir, das Eichhörnchen und die Krähe sind wild. Sie kommen einfach und stehlen dem Hund und dem Kater das Trockenfutter.

Für das Eichhörnchen habe ich einen Nussvorrat angelegt. Und es weiß das.

Unlängst verfolgte ein fremder Hund meinen Kater und schaffte es, ihm in den Schwanz zu beißen. Der Schwanz hing ein paar Tage herunter, dann fiel er ab. Es blieben nur zehn Zentimeter übrig. Der Kater litt ganz fürchterlich: Erstens hatte er seine Schönheit verloren, zweitens braucht er ja den Schwanz für irgendetwas, fürs Gleichgewichthalten beispielsweise.

Der Kater war nun nicht mehr atemberaubend schön, aber das haben wir ihm verziehen. Er ist schließlich unserer, kein fremder. Er gehört praktisch zur Familie.

Ich habe auf meinem Grund und Boden vierzig Bäume. Davon sind acht Tannen.

Ich hebe den Kopf und überprüfe die Wipfel. Sind sie auch nicht vertrocknet? Tote Bäume muss man fällen, sonst stürzen sie einem aufs Haus und zerschmettern das Dach. Darauf kann man gut verzichten.

Es war Sommer. Meine damals noch kleine Enkelin räkelte sich in der Sonne. Sie wollte zum Sandkasten in der Mitte des Grundstücks, aber das Eichhörnchen hielt sie auf. Das Eichhörnchen sprang zu ihr, stellte sich auf die Hinterpfoten, und die Vorderpfoten legte es meiner Enkelin aufs Knie. Besser gesagt, unters Knie.

Meine Enkelin bekam einen Schreck. Wer wusste schon, was dem Eichhörnchen noch alles in den Sinn kommen könnte. Vielleicht an ihr hochspringen und sie in die Wange beißen?

Meine Enkelin schaute angestrengt auf das Eichhörnchen hinunter, und das Eichhörnchen sah mit seinen großen blanken Augen gespannt zu ihr hoch.

Ach, Augenblick, verweile doch, du bist so schön …

Ich fotografierte sie schnell. So hielt ich den Augenblick fest – und er war wirklich wunderschön.

Sobakin, Michalkow, Woinowitsch, Danelija, Daniel Keel, Gorbatschow – das sind sie, die Architekten meines Lebens. Ich habe, natürlich, auch das Meine dazu beigetragen, nämlich meine Arbeit. Ich habe über zwanzig Bände geschrieben, das macht mir so schnell niemand nach. Und doch: Literarisches Talent ist sehr schwer zu entdecken. Das Talent eines Sängers oder eines Malers zu erkennen – das ist einfach. Ein Mensch singt oder malt – und es ist sofort hör- oder sichtbar. Aber schreiben … Alle können schreiben, wir haben eine allgemeine Alphabetisierung seit dem Jahre siebenunddreißig.

Ich hätte meine literarischen Fähigkeiten auch nicht entdecken können. Hätte als Gesangslehrerin arbeiten können: »Es kahamen die Gähänse ...« Und das mein ganzes Leben lang. Meine Berufung wäre in mir verdorrt. Ich wäre nervös und unglücklich durch die Welt gelaufen.

Aber ich bin diesem Los entkommen. Und beschäftige mich seither immer mit dem, was mich interessiert. Das ist ein Glück. Ich habe dadurch mein Leben gewonnen.

Und auch meine persönliche Geschichte habe ich nicht verspielt. Mein Mann und ich haben den Weg gemeinsam begonnen, und gemeinsam beenden wir ihn. Und das, was in der Mitte war, kann man vergessen wie einen »weißen Tanz«. Es gab einmal so einen Tanz, bei dem die Damen die Kavaliere auffordern durften. Sie tanzten nur einen Tanz miteinander und gingen dann wieder auseinander.

Ich wollte Schriftstellerin werden – und bin es geworden.

Ich wollte Drehbuchautorin werden – und bin es geworden.

Ich wollte berühmt werden – und es hat geklappt. Mein Enkel sagte als Kind immer: »Meine Großmutter arbeitet als berühmte Schriftstellerin.«

Aber ungeachtet aller Erfolge kommt es mir so

vor, als habe man mich betrogen. Die Jugend ist so flüchtig, das Leben so kurz.

Alles vergeht. Das ist nicht meine Erfindung. So sagte es schon König Salomon vor dreitausend Jahren, oder vielleicht sogar vor fünftausend. Und er hat sich nicht geirrt.

Auch mein Leben vergeht. Und wenn ich einmal vor dem Allerhöchsten stehen werde, dann gebe ich Ihm zu meiner Rechtfertigung meine zwanzig Bände Prosa in die Hand.

Möglicherweise nimmt Er sie und bläst sie von Seiner Handfläche, und meine Bücher fliegen in den Staub. Aber irgendeine kleine Erzählung wird schon hängenbleiben. *Der alte Hund* beispielsweise. Und dann wird man mich ins Paradies einlassen, und dort werde ich meine Mutter und meinen Vater wiedersehen. Und ich werde Ljusja Sundatowa wiedersehen, meine Freundin aus der Schule Nummer hundertvier, Klasse Neun b. Und wir werden uns freuen. Wie es bei Tschechow heißt: »Wir werden zusammen ausruhen« …

Und außerdem werde ich Meritschka treffen und sie fragen: »So, bist du jetzt zufrieden?«

Mein Tschechow
Eine Skizze

Unsere Klassiker sind Lew Tolstoj, Fjodor Dostojewskij und Anton Tschechow.

Mit wem ich mich heute gern einmal zum Gespräch treffen würde?

Lew Tolstoj war ein Lehrer des Lebens. Ströme von Menschen kamen zu ihm, und er nötigte ihnen seine Wahrheiten auf. Wahrscheinlich wiederholte er sich dabei. Die Wahrheiten können ja nicht jeden Tag neue sein. Ich würde mich genieren, mich mit ihm zu treffen. Lew Nikolajewitsch würde mich mit seiner Größe erdrücken.

Dostojewskij war ein Spieler. Spielsucht ist genau dieselbe Abhängigkeit wie Abhängigkeit von Alkohol oder Rauschgift. Sie ist eine Krankheit.

Dostojewskij zehrte von den Tiefen seiner Seele, aus seinen kranken Schichten kratzte er den menschlichen Eiter heraus, legte ihn auf die Handfläche und untersuchte ihn aufmerksam.

Eiter gibt es in jedem Menschen, daher das breite Interesse an Dostojewskij. Den Menschen interessiert die Wahrheit. Und an die Wahrheit kommt man durch das Erforschen.

Obwohl ich über das mächtige Talent Dostojewskijs entzückt bin, wollte ich ihn lieber nicht persönlich treffen. Ich bin auf das Positive ausgerichtet, obwohl ich ab und an, zugegeben, auch gern mal eine böse Alte mit dem Beil erschlagen würde.

Die Anhänger Dostojewskijs werfen Steine nach mir. Ich verstehe sie.

Aber zu Tschechow würde ich mit fliegenden Fahnen rennen. Bei ihm gibt es was zu sehen und zu hören.

Tschechow war schön. Er gefällt mir körperlich, als Mann. Er hatte ein wunderschönes Gesicht, schöne Kleidung, eine wunderbare Seele und ebensolche Gedanken.

Ich würde mich bemühen, mehr zu schweigen, um das Gespräch nicht in Banalität versumpfen zu lassen. Ich würde nur zuhören und ihn mit begeisterten Augen anschauen, würde versuchen, mich nützlich zu machen, beispielsweise seine Böden putzen, ihm eine Schachtel Antibiotika bringen, Sumamed beispielsweise. Dann würde Anton Pawlowitsch noch mal fünfzig Jahre leben, so wie seine Schwester Marija Pawlowna.

Heutzutage ist die Tuberkulose kein Problem mehr.

Selbst Puschkin würde heute nach seinem Duell noch weiterleben, es wäre eine einfache Operation.

Schriftsteller kann man nicht werden. Als Schriftsteller wird man geboren. Wenn man als Resultat eifrigster Arbeit ein großer Schriftsteller werden könnte, dann hätten wir haufenweise Klassiker. Aber es gibt nur sehr wenige. Nur zwei, drei Klassiker in hundert Jahren. Und einen solchen wie Puschkin wird es nie mehr geben.

Wozu braucht man Schriftsteller? Sie helfen den Menschen, dem Leben um sie herum einen Sinn zu geben. Zu allen Zeiten haben die Menschen Korn für Brot gesät, doch nur einer stand da und schaute zum Himmel. Und die, die Korn für Brot säten, ernährten diesen einen, der in den Himmel sah, mit.

Woher kommt ein Schriftsteller?

Mir scheint, dass der Herrgott in jemanden eine Diskette einlegt – die Auswahl ist völlig willkürlich –, und dieser Jemand wird mit dieser Diskette geboren, aber er weiß nichts davon. Er lebt einfach so dahin, ahnt gar nichts. Aber plötzlich, eines schönen Tages, wird er an das kosmische Netz angeschlossen. Die Diskette fängt an zu arbeiten. Das kann in jedem beliebigen Moment passieren. Die

Schriftstellerin Irina Grekowa fing mit fünfzig an. Tatjana Tolstaja mit siebenunddreißig. Und ich mit sechsundzwanzig.

In Sergej Dowlatow erwachte der Schriftsteller, als er in einem Arbeitslager als Wächter arbeitete.

Wie das geschah? Es kam ein anderer Wächter auf ihn zugelaufen und verkündete, dass »neben der sechsten Baracke eine scharfe Frau« läge. Alle Wächter, die freihatten, rannten zur sechsten Baracke. Auch Dowlatow ging hin, wenn auch nicht sofort. Die Unterhaltung mit der scharfen Frau wird ohne Details beschrieben, es ist nur dokumentiert, dass er sich die Wange an ihrer eisernen Brosche aufkratzte. Den Rest kann man sich denken.

Als Dowlatow zurückkam, setzte er sich an den Tisch und schrieb den ersten Satz der ersten Erzählung seines Lebens, der Schriftsteller in ihm war erwacht. Wie Anna Achmatowa einmal sagte: »Wenn Sie nur wüssten, aus welchem Müll Gedichte erwachsen.«

Im Falle Sergej Dowlatows erwuchs genau aus diesem Müll und Dreck sein erster Erzählband, das Buch *Die Zone*.

Ich bin keine Kritikerin, aber für mich persönlich gehört Dowlatow zu den Klassikern. Er hat über seine Zeit das Allerwichtigste und Klarsichtigste erzählt. Seine Helden leiden nicht weniger als die Helden Solschenizyns, aber sie ertragen ihr Leid in einer fröhlicheren Hölle.

Über Dowlatow kann man mit Puschkins Worten sagen: »Und lange wird das Volk mich lieben, weil ich seine guten Gefühle mit der Leier erwecke, in meinem grausamen Jahrhundert die Freiheit rühme und zu Mildtätigkeit gegenüber den am Boden Liegenden aufrufe.«

Drei Überzeugungen: gute Gefühle, die Freiheit rühmen, Mildtätigkeit gegenüber den Armen. All das wird im Werk Dowlatows dargestellt. Zu seinen Lebzeiten konnte er sich nicht bis zur Anerkennung durchschlagen, aber sein posthumer Ruhm war atemberaubend.

»Das Volk versammelt sich dort, wo sich etwas tut, es versammelt sich nie dort, wo sich nichts tut«, sagte Schwanetzkij einmal.

Ganz Russland riss sich darum, Dowlatow zu lesen. Warum? Weil sich bei ihm etwas tut. Was genau? Ein großes Talent, das ins Geniale übergeht.

Vielleicht überhöhe ich Dowlatow. Vielleicht unterschätze ich ihn aber auch. Eines Tages wird man ihn zu den Klassikern zählen, wird ihn vielleicht in einem Atemzug mit Namen wie Dostojewskij und Tschechow nennen.

Ich möchte noch von einem weiteren Schriftsteller erzählen, von seinem Anschluss an das kosmische Netz: Jurij Rytcheu. Ihn hat Gogol mit dem Netz verbunden. Er war durch Gogol erschüttert worden. Gogol hat bei ihm eingeschlagen wie ein Kugelblitz. Ich habe davon schon einmal erzählt. Nikolaj Wassiljewitsch Gogol schien genau auf derselben Welle zu funken wie Rytcheu. Mit Gogol kam er im Internat in Berührung.

Rytcheu hatte vor zu studieren. Nach dem Internat wollte er nach Leningrad, heute Sankt Petersburg, aufbrechen, er wollte an der dortigen Universität aufgenommen werden.

Das Schiff kam. Rytcheu rannte zum Schiff. Der Kapitän fragte: »Wie heißt du?«

»Rytcheu.«

»Das ist der Familienname«, erriet der Kapitän. »Und der Vor- und Vatersname?«

»Habe ich nicht. Ich bin einfach Rytcheu und fertig.«

»Rytcheu« bedeutet in wörtlicher Übersetzung »der Überflüssige«. Seine Mutter war zufällig schwanger geworden, sie hatte kein weiteres Kind gewollt, deshalb nannte sie es bei der Geburt »der Überflüssige«. Und Vor- und Vatersnamen sind bei den Tschuktschen unüblich.

»Ich kann dich nicht aufs Schiff lassen«, sagte der Kapitän. »Ich brauche vollständige Angaben.«

Rytcheu fing an zu weinen und rannte zum Internatsdirektor.

»Was ist denn los?«, fragte der Direktor erschrocken.

»Sie lassen mich nicht auf das Schiff, weil ich keinen Vor- und Vatersnamen habe …«

Rytcheu schluchzte, er war untröstlich.

»Dann nimm meinen Vor- und Vatersnamen«, fand der Direktor den Ausweg. »Dann wirst du ab jetzt eben Jurij Sergejewitsch heißen.«

Rytcheu riss seine schmalen Augen auf.

»Und du?«, fragte er starr.

In seiner Vorstellung war es so: Der Direktor gab ihm seinen Vor- und Vatersnamen wie seine Identität. Er gab sie ihm, aber was hatte er dann noch selbst?

Seit dieser Zeit gab es einen Jurij Rytcheu, zuerst als Studenten, dann als berühmten Schriftsteller, er war der einzige tschuktschische Schriftsteller. Vielleicht war er auch nicht der einzige, aber er war der beste. Er wurde weltbekannt.

Ich war elf Jahre, als mir meine Mutter Tschechows Erzählung *Rothschilds Geige* vorlas.

Marschak sagte einmal: »Jeder talentierte Schriftsteller braucht ein talentiertes Publikum.«

Meine Mutter war eine solche talentierte Leserin.

Sie spürte fremdes Talent, denn sie hatte ein inneres Gehör für das Echte.

Offensichtlich gefiel meiner Mutter diese Erzählung sehr. Sie las sie nicht gleichgültig vor, sondern voller Anteilnahme, so dass in mir etwas ins Schwingen geriet und erklang. Der Held der Erzählung ist der Sargmacher Bronze. Bronze ist ein talentierter Geiger, aber sein Beruf ist es, Särge zu zimmern. Das Talent dieses Menschen ist durch die groben Alltäglichkeiten verschüttet. Und so wird Bronze selbst grob. Das Sein bestimmt das Bewusstsein.

Mein Tschechow beginnt mit der Periode, als er *Rothschilds Geige* geschrieben hat. Seine ersten Erzählungen hat Tschechow unter dem Pseudonym Tschechonte geschrieben. Das waren kurze Humoresken, man nimmt sie in der Schule durch, keiner weiß wieso. Der echte, große Tschechow begann viel später, nämlich als Anton Pawlowitsch schon krank war und wusste, dass er sterben würde. Offensichtlich verschärft dieses Wissen alles im Menschen. Vor dem Ende beginnen sich die Lampen zu überhitzen. Genau wie bei Glühbirnen, die sich bis zum Gehtnichtmehr erhitzen, bevor sie ganz durchbrennen.

Zur Zeit von Tschechows Geburt herrschte ein Fluch: die Schwindsucht. Sie wurde den Männern vererbt – nicht aber den Frauen. Die, die davon verschont blieben – seine Schwester Marija Pawlowna beispielsweise –, lebten an die hundert Jahre. Aber der Bruder von Anton Pawlowitsch, Nikolaj, starb bereits mit dreißig. Und Tschechow selbst starb mit vierundvierzig.

Sein Freund Ignatij Potapenko schrieb über ihn: »Sich selbst pflegte er überhaupt nicht. Es war seltsam, er verhielt sich seiner eigenen Gesundheit gegenüber wie zu etwas Unerreichbarem. Er liebte das Leben mit jedem Tropfen seines Blutes und wollte leidenschaftlich gern leben, aber er kümmerte sich fast nicht um seine Gesundheit.«

Dafür könnte es einige Gründe gegeben haben.

Erstens: Tschechow war Arzt und wusste, dass es sinnlos war, gegen die Schwindsucht zu kämpfen, und er wollte sich anderen Menschen nicht aufbürden. Es gab damals noch keine Antibiotika, und die Diagnose Schwindsucht bedeutete das sichere Todesurteil.

Zweitens: Anton Pawlowitsch war Optimist. Er hoffte auf ein Wunder. Die menschliche Seele ist so gemacht, dass der Mensch schwere Gedanken von sich wegschiebt.

Drittens: Sein Beruf war Schriftsteller. Wenn der Kopf mit Gedanken an den nahen Tod vollgestopft ist, kann man nicht schreiben. Man denkt dann an nichts anderes mehr.

Tschechow stammte aus den unteren Gesellschafts-schichten. Sein Urgroßvater war noch Leibeigener gewesen. Sein Familienname lautete Tschech. Zu den Tschechows wurden sie erst später.

Tschechows Vater hatte einen Kolonialwarenla-den, er zwang auch seine Söhne in diesen Handel. Ihm rutschte schnell die Hand aus. Er war ein gro-ber, schwerfälliger Mensch. Anton erkannte schon früh die Flegelhaftigkeit und Schuftigkeit seines Vaters, und er hasste diese Eigenschaften aus gan-zem Herzen. »Ich habe den Sklaven tropfenweise aus mir herausgepresst«, schreibt er später. Und was heißt das? Sich nicht fürchten, sich nicht selbst erniedrigen, sich nicht anbiedern. Seinen Selbst-wert bewahren unter allen Umständen.

Bekannt ist sein Brief, in dem es heißt:

>*Menschen mit Erziehung sollten, meiner Mei-nung nach, folgenden Bedingungen genügen:*
1. Sie achten die menschliche Persönlichkeit, sind darum stets nachsichtig, weichherzig, höflich, nachgiebig ... Sie machen keinen Aufstand wegen eines Hammers oder eines verlorenen Radiergummis. Und wenn sie mit jemandem zusammenleben, so tun sie das nicht aus Ge-fälligkeit und sagen nicht, wenn sie gehen: Mit euch kann man nicht leben! Sie verzeihen

auch Lärm und Kälte und angebrannten Braten
und Witze und die Anwesenheit Fremder in ih-
rer Behausung ...

2. *Sie haben Mitleid nicht nur mit Bettlern und*
   Katzen. Ihnen tut auch das in der Seele weh,
   was man mit bloßem Auge nicht sehen kann.
   So z. B. wenn Pjotr weiß, dass Vater und Mutter
   vor Sehnsucht graue Haare bekommen und
   nächtelang nicht schlafen können, weil sie Pjotr
   so selten sehen (und wenn, dann betrunken),
   dann eilt er zu ihnen und pfeift auf den Wodka.
   Sie schlafen nächtelang nicht, um den Polesha-
   jews zu helfen, um zahlen zu können, damit
   ihre Brüder studieren können, um ihre Mutter
   zu kleiden ...

3. *Sie achten fremdes Eigentum und zahlen des-*
   halb auch ihre Schulden zurück.

4. *Sie sind reinen Herzens und fürchten die Lüge*
   wie das Feuer. Sie lügen selbst in Kleinigkeiten
   nicht. Die Lüge beleidigt den Zuhörer und setzt
   ihn in seinen Augen herab. Sie zieren sich nicht,
   benehmen sich auf der Straße so wie zu Hause,
   streuen den geringeren Brüdern keinen Sand in
   die Augen ... Sie sind nicht schwatzhaft und
   halten mit Offenheit zurück, wenn sie gefragt
   sind ... Aus Achtung vor fremden Ohren
   schweigen sie meistens.

5. *Sie erniedrigen sich nicht, um beim anderen*
   Mitleid zu erwecken. Sie spielen nicht auf den
   Saiten fremder Seelen, um als Antwort darauf
   Seufzer zu hören und von anderen bemuttert zu
   werden. Sie sagen nicht: ›Die anderen verstehen
   mich nicht!‹ oder ›Ich habe auf kleines Geld ge-
   setzt! Ich bin am Arsch!!‹, weil das auf billige
   Effekte zielt, platt ist, alt und verlogen ...
6. *Sie sind uneitel. Sie sind nicht interessiert an fal-*
   schen Brillanten wie etwa Bekanntschaften mit
   Berühmtheiten, Händedrücken des betrunkenen
   Plewako, Entzückensbezeugungen eines Wild-
   fremden im Salon, an Bekanntheit in Bierhal-
   len ... Sie lachen über den Satz: ›Ich bin ein Ver-
   treter der Presse!!‹, der nur einem Rodzewitsch
   und Löwenberg passt. Wenn sie etwas tun, was
   einen Groschen wert ist, geben sie damit nicht
   an, als hätten sie etwas für hundert Rubel getan,
   und brüsten sich nicht damit, dass man sie dort
   eingelassen habe, wo andere nicht eingelassen
   werden ... Die wirklichen Talente sitzen immer
   im Dunkeln, in der Menge, fernab der Ausstel-
   lung ... Sogar Krylow hat einmal gesagt, ein lee-
   res Fass sei besser zu hören als ein volles ...
7. *Wenn sie Talent besitzen, so haben sie Achtung*
   davor. Sie opfern ihm die Ruhe, Frauen, Wein,
   Eitelkeit ... Sie sind stolz auf ihr Talent. Sie be-

trinken sich also nicht mit den Aufsehern einer
Kleinbürgerschule und mit den Gästen Skwor-
zows, weil sie wissen, dass sie nicht dazu berufen
sind, mit ihnen zu leben, sondern erzieherisch
auf sie einzuwirken. Außerdem empfinden sie
leicht Ekel ...

8. *Sie erziehen sich zur Ästhetik. Sie können nicht*
in Tageskleidern schlafen, in den Tapetenritzen
Wanzen sehen, schlechte Luft atmen, über
bespuckten Fußboden gehen, sich von einem
Petroleumkocher ernähren. Sie suchen nach
Möglichkeit, den Geschlechtsinstinkt zu bändi-
gen und zu veredeln ... Mit einem Weib schla-
fen, ihr ... in den Mund atmen, ihre Logik
ertragen, keinen Schritt von ihrer Seite wei-
chen – und all das weshalb? Menschen, die in
dieser Hinsicht erzogen sind, fühlen sich nicht so
zur Küche hingezogen. Sie brauchen von der
Frau nicht das Bett, nicht den Pferdeschweiß ...
nicht den Verstand, der sich in der Fähigkeit
äußert, eine Schwangerschaft vorzutäuschen
und unermüdlich zu lügen ... Sie, besonders
die Künstler, brauchen die Frische, Eleganz,
Menschlichkeit, die Fähigkeit der Frau, nicht
Hure, sondern Mutter zu sein ... Sie kippen
nicht im Vorbeigehen einen Wodka, schnüffeln
nicht in Schränken herum, weil sie wissen, dass

sie keine Schweine sind. Sie trinken nur in freien Stunden, bei Gelegenheit ... Was sie brauchen, ist mens sana in corpore sano.

Und so fort. So sind Menschen mit Erziehung ... Um sich zu erziehen und nicht unter das Niveau der Umwelt, in die man geraten ist, zu sinken, reicht es nicht, ›Die Pickwickier‹ zu lesen und den Monolog aus dem ›Faust‹ auswendig zu lernen. Es reicht nicht, sich in eine Droschke zu setzen und in die Jakimanka zu kommen, um eine Woche später wieder abzuhauen ...

Hier ist ununterbrochene Arbeit nötig, tags und nachts, ewiges Lesen, Studium, Wille ... Hier ist jede Stunde teuer ...

Deine Fahrten nach Jakimanka und zurück helfen da gar nicht. Du musst den Mut haben, darauf zu pfeifen und dich loszureißen. Komm zu uns, schmeiß die Wodkakaraffe kaputt, leg dich hin und lies ... und sei es Turgenjew, den du nicht gelesen hast ...

Du musst deine Eigenliebe sein lassen, denn du bist kein Kind mehr ... Du bist bald 30! Es ist Zeit!

Ich warte ... Wir alle warten ...«

Diesen Brief sollte jeder bei uns vor Augen haben und ihn auswendig lernen wie das Vaterunser. Diesen Brief sollte man in der Schule behandeln.

Wir sowjetischen und postsowjetischen *Sowkis* haben die Sklavenmoral genauso in uns aufgesogen wie früher die Leibeigenen. Uns ist viel zu viel Langmut eigen, Vorsicht und Angst vor der Obrigkeit. Auch wir brauchen Selbstbestätigung, lassen uns mit prestigebehafteten Figuren fotografieren und stellen die Fotografien an einem gut sichtbaren Ort auf. Auch uns ist es eigen, die Schwachen auch noch niederzudrücken. Wenig hat sich in den hundert Jahren verändert, die seit Tschechows Tod vergangen sind. Und heute müssen wir unbedingt ganz genauso tropfenweise den Sklaven aus uns herauspressen.

Tschechow hat das Vulgäre gehasst. »Vulgär« heißt ja im wörtlichen Sinne »gewöhnlich«. Die Gewöhnlichkeit, die Langeweile – das ist es, was im Menschen das Menschliche abtötet.

Ist das denn nicht modern? Ist Tschechow also nicht bis zum heutigen Tag aktuell?

Anton Pawlowitschs Schwester Mascha war in Bunin verliebt. Das ist verständlich: Er war ein gutaussehender Mann, ein Talent. Aber Bunin ging nicht auf ihre Gefühle ein, denn Mascha war aus den unteren Schichten der Gesellschaft, und Bunin war ein Adliger. Das war damals von Bedeutung.

Die Revolution verwischte dann die Grenze zwischen den Gesellschaftsschichten. Mehr noch, sie machte es gefährlich, ein Adliger zu sein. Es war günstiger, Arbeiter zu sein oder ein armer Bauer. Was für ein Glück, dass Tschechow im Jahre 1904 gestorben ist und nicht bis 1917 gelebt hat. Und dass er das Dunkel nicht hat mit ansehen müssen, in das sich das Land dann stürzte.

Aber die neuen Geistesströmungen durchdringen bereits Tschechows Werk: Die Erzählung *Die Braut*, das Theaterstück *Der Kirschgarten* zeugen davon.

Lopachin kauft den Kirschgarten. Es kommt die Zeit der Lopachins.

Aber wer ist das, dieser Lopachin? Sein Großvater war Leibeigener, genau wie der von Anton Pawlowitsch. Die Macher vom Schlage Lopachins überrennen die schlaffen Herrschaften, die zu nichts fähig sind und nur herumsitzen und beim Tee unnützes Zeug vor sich hin brabbeln.

Lopachin ist ein Neuer Russe, er ähnelt denen, die in den neunziger Jahren nach der Perestroika kamen.

Lopachin wartet nicht, bis die Ranjewskaja ihre

Habseligkeiten gepackt hat und nach Paris zu ihrem Liebhaber gereist ist. Er beginnt, den Garten direkt vor ihren Augen roden zu lassen. Man kann das Schlagen der Äxte förmlich hören. Lopachin hat es eilig. Früher hatte er der Ranjewskaja geschäftliche Ratschläge gegeben, wie sie das Gut retten könnte. Man hätte den Kirschgarten kahlschlagen und das Stück Land verpachten müssen. Aber die Ranjewskaja fasste sich nur an den Kopf: Wie konnte man nur den Kirschgarten roden? Na und?! So verlor sie dann alles und ließ ihre Tochter Anja in völliger Armut sitzen. Anja folgte Petja nach und schloss sich der Revolution an. Und wir, die heutigen Menschen, wissen, was das bedeutete.

Tschechow empfand für die Ranjewskaja gemischte Gefühle: Mitgefühl, Zärtlichkeit, aber auch Missbilligung.

Mir persönlich ist die Ranjewskaja zuwider: Sie ist verantwortungslos, geldgierig. Sie wiederholt immer wieder vor den Dienern: »Ich habe euch einen Rubel gegeben – das war für euch drei.« Firs hatte sie dabei vergessen. Warum? Weil für sie die Menschen nur Abfall waren. Für sie zählten nur ihre eigenen Interessen.

Tschechow ist deshalb erstaunlich aktuell. Das Wichtigste ist, worauf seine Predigt abzielt – nämlich auf die Würde des Menschen. Sie ist ihm wichtig. Immer, unter allen Umständen. Sogar in der Minute des Sterbens.

Tschechow war ein gutaussehender Mann.

Der junge Tschechow war einfach wunderschön. Der Hauptvorzug seines Gesichts war der friedliche Ausdruck. Er hatte ein ruhiges Gesicht mit einem warmen, alles verstehenden Blick. Solche Gesichter haben oft die Gläubigen, wenn die Leidenschaften den Wesenskern nicht durchbohren können. Sein Blick versteht alles und nimmt alles an.

Allseits bekannt ist Tschechows Liebesbeziehung zu Lika Mizinowa, einer Schönheit mit dichten seidigen Wimpern.

Lika (Lidija) liebte Tschechow, und er liebte sie, aber er zog den Kater am Schwanz, wie man bei uns sagt, zögerte die Beziehung hinaus. Die typische Angst der Männer vor der Hochzeit. Er überspannte den Bogen, und Lika rannte zu Ignatij Potapenko. Es geschah in etwa das, was in dem Stück *Die Möwe* beschrieben ist. Lika diente als Vorbild für die Figur der Nina Zarjetschna. Potapenko war der Prototyp für den Schriftsteller Trigorin. Aber Tschechow formte den Trigorin auch ein bisschen nach sich selbst. Da sind zum Beispiel die Worte

Trigorins: »Ich habe keine Ruhe vor mir selbst und spüre, dass ich mein eigenes Leben verschlinge, dass ich, um für jemanden im Raum Honig zu spenden, den Blütenstaub von meinen schönsten Blumen lese, die Blumen selbst abreiße und ihre Wurzeln zertrample. Bin ich nicht wahnsinnig? Und wenn ich tot bin, werden die Bekannten, die an mein Grab kommen, sagen: ›Hier liegt Trigorin. War ein guter Schriftsteller, aber nicht so gut wie Turgenjew.‹«

Was ist ein Schriftsteller? Ein Sklave seines Berufes. Es ist ein glückliches Sklaventum.

Potapenko war an sich ein eher mittelmäßiger Schriftsteller. Jedenfalls haben seine Bücher unsere Zeit nicht erreicht.

Anton Pawlowitsch hat sich dann mit Olga Knipper verheiratet, einer Schauspielerin des Moskauer Künstlertheaters. Wieso er sie geheiratet hat und nicht Lika? Lika war schöner und liebte Tschechow mehr als Olga Knipper.

Knipper hat Tschechow aus Berechnung geheiratet. Sie war die Geliebte von Nemirowitsch-Dantschenko, der eisern verheiratet war, und Olga hatte mit ihm keinerlei Eheperspektiven. Sie heiratete den kranken Tschechow, da Tschechow ein berühmter Name war, und so hatte sie mit Nemirowitsch eine Affäre auf Augenhöhe. Er war verheiratet, und sie war verheiratet.

Niemand konnte böse sein. Auf Seiten Tschechows gab es keinerlei Berechnung. Er war ein bisschen ein Snob. Es schmeichelte ihm, dass Olga nicht nur eine junge Frau war, sondern eine begabte Schauspielerin, eine originelle Persönlichkeit, das war interessant.

Knipper erwies sich als keine schlechte Managerin. Sie beteiligte Tschechow an den Einnahmen des Theaters, und er hielt Aktien.

Mit vierundvierzig Jahren sah Tschechow schon wie ein alter Mann aus. Die Tuberkulose verrichtete ihr zerstörendes Werk.

Anton Pawlowitsch verließ Jalta nicht mehr, und Olga verließ Moskau nicht. Sie schrieben einander Briefe. Die Briefe sind voller freundschaftlicher Anteilnahme, aber es sind trotzdem nur Briefe.

Wer ständig bei Anton Pawlowitsch war, das war seine Schwester Mascha. Mascha hatte kein eigenes Privatleben, sie lebte das Leben ihres Bruders. Er vermachte ihr fast sein gesamtes Vermögen und die Einnahmen aus seinen Nachdrucken.

Als Olga Tschechows Frau wurde, brach sie nicht mit Nemirowitsch-Dantschenko, ja sie verheimlichte diese Beziehung nicht einmal. Eines Tages kamen sie um fünf Uhr morgens nach Hause. Als sie sah, dass Tschechow nicht schlief, sagte Olga: »Hast du dich noch nicht hingelegt, Liebling? Das ist schädlich für dich.« Und sie ging aus dem Zimmer, wobei sie mit ihren Atlasröcken raschelte. Anton Pawlowitsch sah seine Schwester an und sagte: »Es ist Zeit zu sterben.«

Tschechow starb in dem deutschen Städtchen Badenweiler. Er war nach Deutschland gefahren, um sich behandeln zu lassen. Knipper fuhr mit, und um keine Zeit zu verlieren, ließ sie sich gleich die Zähne richten. Die Zahnmedizin war damals in Deutschland besser als in Russland. Genau wie heute.

Ich sehe in dieser Handlung die Gleichgültigkeit gegenüber Tschechow. Wenn Knipper ihn geliebt hätte, hätte sie an nichts anderes denken können. Der geliebte Mensch stirbt. Da denkt man doch nicht an seine Zähne.

Knipper war offensichtlich an den Gedanken gewöhnt, dass ihr Mann bald sterben würde, und sie und Nemirowitsch-Dantschenko warteten nur das Finale ab.

In den Erinnerungen von denen, die ihm nicht gewogen waren, war Nemirowitsch-Dantschenko eine taube Nuss. Und Tschechow war selbst sterbend noch ein Mozart.

Als er im Sterben lag, sagte er: »Ich sterbe.« Er

sagte es auf Deutsch. Einer von Tschechows Biographen meinte jedoch, er habe nicht auf Deutsch »Ich sterbe« gesagt, sondern an seine Frau gewandt: »*Ty stjerwa.*« Was auf Deutsch bedeutet: »Du bist ein mieses Stück.«

Aber das stimmt natürlich nicht. Tschechow war ein feinfühliger Mensch und hätte sich so etwas nie erlaubt. Aber der Biograph mochte die Knipper offensichtlich nicht, und das ist verständlich.

Tschechows Sarg wurde von Deutschland aus per Eisenbahn nach Russland überführt. Der Sarg lag in einem Waggon, ganz von Austern bedeckt.

Eine Kritikerin sah darin eine Niederträchtigkeit. Tschechow hatte sein ganzes Leben lang gegen das Vulgäre gekämpft, und nun war er selbst das Opfer einer Vulgarität geworden: ein Waggon voll mit Austern. Ich denke, dass dieses Urteil eine Dummheit ist. Man hat ja nicht Tschechow, sondern seinen toten Körper überführt. Und der Körper brauchte die Kälte, genau wie die Austern.

Tschechow hat in einem Brief an seinen Bruder geschrieben: »Schön ist Gottes Welt. Nur eines ist nicht schön: wir. Wie wenig Gerechtigkeitssinn und Demut wir haben. Anstelle von Wissen ist da nur Unverschämtheit und maßlose Einbildung, anstelle von Arbeit – Faulheit und Schweinestall, es gibt keine Gerechtigkeit … Arbeiten muss man … Hauptsache – man ist gerecht, alles andere ergibt sich daraus.«

Tschechow hat sein Leben lang den Sklaven aus sich herausgepresst, kontrollierte sich, erzog sich selbst, und schließlich wurde er so, wie seine literarischen Helden waren, wie Doktor Astrow, Onkel Wanja, Gurow aus *Die Dame mit dem Hündchen*. Diese Menschen waren gütig, zurückhaltend. Astrow schützt den Wald, Gurow empfindet zum ersten Mal in seinem Leben tiefe Gefühle. Für mich ist das höchste Lob für einen Künstler und einen Menschen, einem Tschechow'schen Helden ähnlich zu sein.

Stanislaw Ljubschin war ein Tschechow'scher Held, Alexej Batalow war ein Tschechow'scher Held. Und Nikita Michalkow war es nicht. Nikita Michalkow war von der Natur großzügig beschenkt, aber er war der König der Berge, ein Karabasch-Barabbas, ein Herr seines Lebens. Tschechow dagegen war ein ganz anderer. Er starb in der Mitte seines Lebens. Aber wie viel hat er geschafft. Eigentlich hat er *alles* geschafft. Er hat der Welt eine Mitteilung von seiner Individualität hinterlassen, er hat der Welt seinen Namen und Vatersnamen geschenkt – Anton Pawlowitsch.

Tschechow ist mein Lehrmeister. Ich habe von ihm gelernt und lerne von ihm bis heute. Viele Wendungen von Tschechow sind in meinen alltäglichen Sprachschatz eingegangen. Beispielsweise:

»Wenn Kaschtanka ein Mensch gewesen wäre, hätte sie gewiss gedacht: ›Nein, das ist kein Leben! Ich muss mich erschießen!‹« (Aus *Kaschtanka*.)

Ich sage das, wenn mir etwas ganz und gar nicht gefällt.

»Essen Sie, Mütterchen, genieren Sie sich nicht …« (Aus der Erzählung *In der Schlucht*.)

Das sage ich am Mittagstisch zu meinen Gästen.

»Sie sind weggefahren, weggefahren …«

Das sage ich, wenn die Gäste gegangen sind.

»Sie machte ein Gesicht wie eine Katze, die vor lauter Hunger im Garten eine Gurke gefressen hat.«

»Hat man dich denn eingeladen, daran zu riechen?«

Ich erinnere mich nicht mehr an den Titel der Erzählung, in der die Katze auf den Tisch springt und an der Wurst schnuppert. Der Hausherr macht die Bemerkung: »Hat man dich denn eingeladen, daran zu riechen?« Man könnte meinen, da ist nichts Lustiges dabei, aber wie viel Tschechow'sches ist darin enthalten …

»An einem Menschen soll alles schön sein: das Gesicht, die Kleidung, die Seele und die Gedanken.«

Dieser Satz ist ein geflügeltes Wort geworden.

Meine Generation ist noch in der Epoche des Mangels aufgewachsen. Man konnte keine Kleidung kaufen. Es tauchte das Wort »ergattern« auf. Ergattern, das war das Ergebnis von Anstrengungen: irgendwo hinrennen, rechtzeitig dort sein, sich durchboxen, sich auf die Hinterbeine stellen, etwas hervorziehen und schließlich ergattern.

Die Ideologie verurteilte schöne Kleidung. Schöne Kleidung bedeutete Leichtsinn, Käuflichkeit. Aber die Kleidung ist für den Menschen etwas, das seine Würde ausmacht. Blödsinnige Kleidung erniedrigt einen Menschen.

Heutzutage ziehen sich die Menschen bunt an. Auch wenn die Kleidung nicht teuer ist (türkische Massenware), so ist sie doch fröhlich. Durch die Straßen zieht eine vielfarbige Menge, das erfreut das Auge. Früher dagegen waren alle in Grau gekleidet, das sah aus wie eine Horde Ratten.

Und auch unsere Regierungsmitglieder saßen mit angespannten, verdrießlichen Gesichtern da, als hätten sie einen Kaktus im Hintern.

Jetzt sind unsere Regierungsmitglieder relativ junge Menschen, gut frisiert, und sie tragen sehr teure Anzüge von Versace oder noch teureren Designern.

Ich will keine Noten verteilen, will nicht sagen,

ob das gut oder schlecht oder sonst was ist. Für mich ist wichtiger: Lesen die Tschechow oder nicht? Gehört Tschechow zu ihrem Wertekanon oder nicht?

Ich unterteile die Menschen in »meine« oder »fremde«. Die, die Tschechow mögen, sind »meine«. Und die »fremden« finde ich uninteressant.

Ich lerne weiterhin in Tschechows schriftstellerischer Werkstatt. Tschechow ist ein zurückhaltender Schriftsteller, er ist geradezu asketisch. Er tritt nie aufs Pedal in Sachen Freude oder Kummer.

Zum Beispiel die Erzählung *In der Schlucht*. Da trägt die junge Lipa ihr sterbendes Kind aus dem Krankenhaus. Was kann tragischer sein? Sie trifft einen alten Mann. Das ist ihr Dialog:

»Und sag mir, Großvater, wozu muss ein Kleiner sich vor dem Tode so quälen? Wenn ein großer Mensch sich quält, ob Mann oder Frau, dann werden ihm die Sünden vergeben, aber wozu ein kleiner, der keine Sünden hat? Wozu?«

»Wer kann das wissen? Alles kann man nicht wissen, wozu und wie. Dem Vogel sind nicht vier Flügel bestimmt, sondern zwei, weil, mit zweien kann er fliegen; so ist es auch mit dem Menschen, ihm ist nicht bestimmt, dass er alles weiß, sondern nur die

Hälfte oder ein Viertel. Wie viel er wissen muss, um sein Leben zu leben, so viel weiß er auch … Dein Kummer ist nur ein halber. Das Leben ist lang, es wird noch Gutes und Schlechtes geben, alles wird's geben …«

Tschechow erhebt sich über die persönliche Tragödie. Der Mensch ist ein Teil der Natur. In vielen Gelehrten, die sich dem Ende ihres Lebens nähern, reift plötzlich die Erkenntnis, dass sie nichts wissen.

Dowlatow schreibt, dass die Toten einen Gesichtsausdruck haben, als wollten sie sagen: »Ach, so ist das also alles …« Die Sterbenden sehen das Bild wohl im Ganzen, die gesamten Moleküle von Leben und Tod. Zeit seines Lebens soll der Mensch nicht alles bis zum Schluss durchschauen. Aber nach dem Tod enthüllt sich das Geheimnis.

Tschechow war Arzt. Er nahm an, dass sich auch nach dem Tod nichts enthüllt. Ein Schriftsteller bleibt in seinen Büchern erhalten und ein einfacher Mensch in seinen Kindern. Und eine andere Unsterblichkeit gibt es nicht.

Der Philosoph Zinowjew sagte einmal: »Meine Bücher – das ist mein Ich. Aber mein Körper – das ist eine zeitlich begrenzte Erscheinung.«

Der Engländer Donald Rayfield schrieb die allerbeste Biographie Tschechows. Es ist merkwürdig, dass das ein Engländer getan hat und kein russischer Tschechow-Wissenschaftler.

Rayfield stellt Tschechow ganz und gar nicht als Ideal des Menschen hin. Nichts Menschliches ist ihm fremd. Er war ziemlich oft Besucher von Bordellen. Aber auch diese Sphäre des Lebens spiegelt sich in seinen Erzählungen wider. Jedes Milieu ist nichts anderes als Material für das kreative Schaffen.

Jeder nimmt sich von Tschechow das, was ihm nahe ist. Ich nehme mir seine Lektionen der Selbstvervollkommnung.

Was kann man sonst als Schriftsteller von einem anderen Schriftsteller nehmen? Nichts. »Jeder schreibt, wie er atmet.« Das sind die Worte Okudshawas.

Nachahmen bedeutet sich selbst verunstalten. Und doch ist es für jeden Menschen gut, ganz unabhängig von seinem Beruf, ein sittliches Ideal zu haben. Für viele Menschen meiner Generation war das sittliche Ideal Dmitrij Lichatschow, Rostopowitsch oder Sacharow. Für mich ist es Anton Pawlowitsch Tschechow. Oft wollte ich angesichts der Ungerechtigkeit die Zähne fletschen. Jemandem auf dieselbe Art antworten: »Selber Idiot.«

Aber dann habe ich mir die Frage gestellt: »Wäre Tschechow ausfallend geworden?« Niemals. Also werde ich es auch nicht.

Zu Lebzeiten des Dichters nannte man sein Werk »langweilig«, man verpasste ihm das Etikett »Banalität«. Es brauchte Zeit, bis die Literatur Tschechows zum Klassiker wurde. Marina Zwetajewa schrieb: »Für meine Verse, wie für wertvolle Weine, wird die Zeit erst kommen.«

Tschechow starb 1904, ganz zu Beginn des zwanzigsten Jahrhunderts. Jetzt sind wir im einundzwanzigsten Jahrhundert. Es sind weit mehr als hundert Jahre seit seinem Tod vergangen, aber die Dramen Tschechows sind immer noch in der ganzen Welt gefragt, die Menschen brauchen seine »langweiligen« Stücke, sie dringen in sie ein und ziehen aus ihren Seelen das Allerkostbarste.

Ich lese die Stücke Tschechows lieber, als dass ich sie mir ansehe. Und die Erzählung *Der schwarze Mönch* weckt in mir jedes Mal den Wunsch zu arbeiten. Ich möchte alles hinwerfen, zum Schreibtisch rennen und schreiben, ohne den Kopf hochzuheben, möchte besser sein, talentierter, als ich in Wirklichkeit bin.

Das Schaffen Tschechows erregt in meiner Seele Trauer und Zärtlichkeit, so wie gute Musik. Jetzt, wo das Materielle unsere Gesellschaft auffrisst, brauchen wir Tschechow mehr denn je. Er würde mit seinem Spazierstock auftauchen, groß, leicht vornübergebeugt, einsam, an Tuberkulose erkrankt, und würde sich das alles betrachten. Was würde er sagen? Nichts. Er würde nur schauen und schweigen. Und alle würden sich schämen.

*Bitte beachten Sie
auch die folgenden Seiten*

Viktorija Tokarjewa
im Diogenes Verlag

Mara

Erzählung. Aus dem Russischen
von Angelika Schneider

Die ehrgeizige Mara hat nur zwei Ziele: Macht und Geld. Weil sie beides mangels Ausbildung auf direktem Wege nicht erreichen kann, geht sie den Umweg über Männer. Madame Pompadour ist ihr unerreichtes Vorbild. Doch dann verliebt sie sich in einen jungen Musiker, der ihre Liebe aber nur ausnutzt. Von da an geht sie über Leichen... Tokarjewa entwirft ein psychologisch feinfühlig gezeichnetes tragikomisches Bild einer modernen russischen ›femme fatale‹.

»Jeder Satz stimmt in diesem Buch. Mara ist wie eine russische Puppe: Fein ausstaffiert, scheinbar übersichtlich, in Wirklichkeit voller Überraschungen und unerwartetem Innenleben.« *Barbara Dobrick / Norddeutscher Rundfunk, Hamburg*

»Mit *Mara*, einer mit sanfter Ironie und Herzblut zugleich geschriebenen Erzählung, ist Viktorija Tokarjewa ein meisterliches Frauenporträt gelungen.« *Wolfgang Dattler / Harper's Bazaar, München*

»Viktorija Tokarjewa erzählt ihre Liebesgeschichten mit einem solchen Witz und einer solchen Lebendigkeit, dass ich ganz entzückt davon bin.« *Elke Heidenreich*

Happy-End

Erzählung. Deutsch von
Angelika Schneider

Aus purem Trotz heiratet Elja viel zu früh den sie naiv vergötternden Tolik und zieht mit ihm zu seinen Eltern in ein russisches Provinznest. Als sie an der Langeweile des Kleinstadtlebens zu ersticken droht, verliebt sich Elja in den Schauspieler Igor, der so wunderschön Lermontow rezitiert. Sie zieht mit ihm nach Moskau. Aber Igor ist Alkoholiker und hat seit Jahren keine guten Rollen mehr gespielt...

»Ein kostbares kleines Buch. Rasch, nüchtern, fast lakonisch erzählt.«
Elke Heidenreich / Die Zeit, Hamburg

Lebenskünstler
Erzählungen. Deutsch
von Ingrid Gloede

Lebenskünstler sind sie alle, oder wollen es zumindest werden, die Hauptpersonen aus diesem Erzählband. Sie werden vom Leben zwar tüchtig aus dem Gleichgewicht gebracht – aber alle schaffen es, den Kopf über Wasser zu halten, und einige sogar, glücklich zu werden. Was geschieht, spielt zwar im fernen Moskau, kommt uns aber auch hier bekannt vor.

»Sie erzählt von Menschen – erstaunlich emanzipierten Frauen –, die einem Ideal nachjagen, dauernd im Aufbruch begriffen sind und doch an den realen Bedingungen kleben bleiben wie an Leimruten.«
Die Weltwoche, Zürich

»Die unauffällige Normalität dieser Lebensgeschichten macht die Erzählungen Viktorija Tokarjewas zum Phänomen.« *Iris Denneler / Der Tagesspiegel, Berlin*

Glücksvogel
Roman. Deutsch von
Angelika Schneider

Nichts ist zu schwierig für die clevere, skrupellose Nadka, sie schafft einfach alles – aber einer schafft sie: Andrej, ihre große Liebe, ist verheiratet und will es auch bleiben. Doch so schnell gibt Nadka nicht auf.

»Liest sich flott und süffig. Viktorija Tokarjewa schildert den liederlichen Lebensweg ihrer kessen Heldin

in knappen Sätzen mit großer Leichtigkeit und beiläufigem Witz.«
Badische Neueste Nachrichten, Karlsruhe

»Ein Buch über Kühnheit, Skrupellosigkeit und Liebe.«
Katharina Haering / Oberhessische Presse, Marburg

Liebesterror
und andere Erzählungen
Deutsch von Angelika Schneider

Mutterliebe ist etwas Schönes, doch wenn sich die Mutter in das Liebesleben ihrer erwachsenen Tochter mischt, wird es problematisch. Spätestens wenn die Mutter nach einem heimlichen Treffen mit der Exfrau ihres künftigen Schwiegersohnes sagt: »Genau wie ich befürchtet habe: Er ist ein Schwätzer und Weiberheld«, wird es sogar kritisch. Und wenn Mama es dann auch noch schafft, bei dem frisch verheirateten Paar einzuziehen, bahnt sich Liebesterror an, denn natürlich will Mutter ja immer nur das Beste für ihr Kind.

»Die realistischen Bilder sind prall von Einfällen, genauen Details und ironisch verkündeten Lebensweisheiten.« *Maria Frisé / Frankfurter Allgemeine Zeitung*

»Die Tokarjewa kennt das Leben. Und sie schreibt darüber. Unausweichlich. Mit Kraft, Genauigkeit, Schmerz und Witz.« *Alice Schwarzer / Emma*

Der Baum auf dem Dach
Roman. Deutsch
von Angelika Schneider

Es gibt Dinge, die man nicht gerne teilt. Den eigenen Mann zum Beispiel. So sanft Vera auch ist, sie sieht nicht tatenlos zu. Doch in diesem Spiel sind sich Siege und Niederlagen oft zum Verwechseln ähnlich.

»Viktorija Tokarjewa beschreibt nicht nur die russischen Verhältnisse der Nachkriegszeit, sie blickt auch tief in die menschliche Seele.«
Tiroler Tageszeitung, Innsbruck

»Viktorija Tokarjewa versteht es meisterhaft, die russische Seele für uns Westeuropäer zu öffnen. Ein russisches Liebes- und Alltagsdrama, undramatisch und mit Nonchalance erzählt.«
Giovanni Riolo / Freiburger Nachrichten

Alle meine Feinde

und andere Erzählungen. Deutsch
von Angelika Schneider

Die resolute Malerin, die mit ihrer kleinen Enkelin Sascha auf der Datscha lebt, hat drei Feinde: Anka, die Haushälterin, die zwar für die Enkelin kocht, der Malerin aber nie etwas zu essen übrig lässt, wenn sie erschöpft aus dem Atelier kommt; Tanka, die zweite Frau ihres Vaters, die den Kontakt zwischen Vater und Tochter, wo es nur geht, hintertreibt; und Wanka, ihren Nachbarn, der eigenmächtig den Gartenzaun versetzt hat. Zu ihren Ungunsten natürlich.
Diese drei Menschen würden ihr das Leben zur Hölle machen, wären da nicht noch die Kunst, der Hund und die Enkelin, die sie lieben kann. Aber als alle ihre Feinde einer nach dem anderen von der Bildfläche verschwinden, entdeckt die Malerin, dass ihr ohne sie etwas Wesentliches fehlt.
Alle meine Feinde und vier weitere Erzählungen voll heiterer Lebensweisheit von der »großen alten Dame der jungen russischen Literatur« *(Tages-Anzeiger, Zürich).*

»Viktorija Tokarjewa schält ihre Charaktere langsam aus den Erzählungen heraus. Mit einer Sprache, die sanft und stark zugleich ist, genau wie die Frauen ihrer Geschichten.«
Westdeutsche Allgemeine Zeitung, Essen

Leise Musik hinter der Wand

Roman. Deutsch von
Angelika Schneider

Wer sagt denn, dass es eine echte Liebe nur einmal im Leben geben kann? Irgendjemand hatte das gesagt. Aber er hatte sich geirrt.
Adas Liebes- und Lebensweg spiegelt die historischen Umbrüche einer ganzen Epoche. Ob Agent beim KGB oder Dissident, Ada liebt in einem Mann immer nur den Menschen. Pointiert, warmherzig und voller Witz erzählt uns Viktorija Tokarjewa die Geschichte einer Frau, die nie aufhört, an das Glück zu glauben.

»Ein außergewöhnliches Frauenporträt, in einem köstlichen Roman verarbeitet, der in der farbigen Welt russischer Lebenskünstler spielt. Voller Heiterkeit und dennoch unerwartetem Tiefgang.«
Freiburger Nachrichten

Eine von vielen

Roman. Deutsch
von Angelika Schneider

»Sängerinnen gibt es wie Sand am Meer. Du bist nur eine von vielen.« Obwohl kein Musikproduzent daran glaubt, dass Angela es in Moskau schaffen könnte, bringt sie es weit. Denn Karriere macht man mit Hilfe von Beziehungen. Und da Angela eine hübsche junge Frau ist, fällt es ihr nicht schwer, Kontakte zu knüpfen. Zum Beispiel zum schwerreichen und verheirateten Nikolaj. Zäh und unbeirrbar verfolgt Angela ihren Traum – doch als ihr alle Möglichkeiten offenstehen, merkt sie, dass das Glück ganz anders aussieht, als sie es sich vorgestellt hat.

»Viktorija Tokarjewas Erzählungen sind durchdrungen von trockenem Witz und warmem Humor, distanziert und engagiert zugleich.«
Wolfgang Koydl / Süddeutsche Zeitung, München

Auch Miststücke können einem leidtun

Erzählungen. Deutsch von
Angelika Schneider

Ist er ein Lump, der Drehbuchautor Stasik, der mit der jungen Lara einen Sohn zeugt und doch von seiner Frau Lida nicht lassen kann? Ist er ein Narr, der 70-jährige Viktor Petrowitsch, der sich noch einmal Hals über Kopf verliebt? Und ist sie ein Miststück, die Ärztin, die einer besorgten Mutter sagt, ihre kleine Tochter habe einen Gehirntumor, obwohl sie genau weiß, dass das nicht stimmt? Der Mensch ist ein Rätsel, die Liebe nicht minder – das ist seit je das Thema der großen russischen Erzählerin Viktorija Tokarjewa. Auch Lumpen, Narren und Miststücken lässt sie poetische Gerechtigkeit widerfahren – genauso wie den übrigen unglücklich Liebenden, den nachsichtig Schweigenden und den unverzagten Kämpferinnen, von denen diese Erzählungen handeln.

»Schön erzählte Geschichten aus einem Land, in dem das Leben noch nie einfach war.«
Antje Liebsch / Brigitte Woman, Hamburg

Anton Čechov
im Diogenes Verlag

Anton Čechov wurde 1860 in Taganrog (Südrussland) geboren, wuchs in ärmlichen Verhältnissen auf und studierte dank eines Stipendiums in Moskau Medizin. Den Arztberuf übte Čechov nur kurze Zeit aus. Der Erfolg seiner Theaterstücke und Erzählungen machte ihn finanziell unabhängig. Seine Lungentuberkulose jedoch erzwang immer häufigere Aufenthalte in südlichem Klima, so dass Čechov auf die Krim übersiedelte. Er starb 1904 in Badenweiler.

»Wir verdanken Peter Urban einen deutschen Čechov, wie er schöner nicht sein könnte: sprachlich makellos, akribisch annotiert und von einer Vollständigkeit, die weder vom Pléiade- noch vom Oxford-Čechov erreicht wird.«
Manfred Papst / NZZ am Sonntag, Zürich

»Für mich bleibt Čechov unerreicht: Er schrieb Komödien der Verzweiflung über das Leiden und die Sehnsüchte der Menschen. Und weil man davon gleichzeitig amüsiert ist und zerrissen wird, wirkt seine Kunst so eindringlich.«   *Woody Allen*

In hochwertiger Leinenausstattung, übersetzt und herausgegeben von Peter Urban:

Er und sie
Frühe Erzählungen 1880–1885

Ende gut
Frühe Erzählungen 1886–1887

**Späte Erzählungen
in 2 Bänden**
Rothschilds Geige
Erzählungen 1893–1896

*Die Dame mit
dem Hündchen*
Erzählungen 1897–1903

*Aus den Erinnerungen
eines Idealisten*
Humoresken und Satiren 1885–1892

**Gesammelte Stücke
in 1 Band**

**Briefe (1877–1904)
in 5 Bänden**